Pilze

sicher bestimmt

Von Katharina Bickerich-Stoll

mit 60 Tafeln der Autorin

Urania-Verlag

Leipzig · Jena · Berlin

Dieses Buch entstand aus den beiden Bänden Heimische Pilze 1 und Heimische Pilze 2 der Autorin

Bickerich-Stoll, Katharina:
Pilze sicher bestimmt / Katharina
Bickerich-Stoll. Mit Tafeln d. Autorin. –
3. Aufl. – Leipzig ; Jena ; Berlin :
Urania-Verlag, 1990. – 144 S. : 60 Ill.
ISBN 3-332-00144-2

ISBN 3-332-00144-2

3. Auflage 1990
Alle Rechte vorbehalten
© URANIA-VERLAG Leipzig · Jena · Berlin
Verlag für populärwissenschaftliche Literatur, Leipzig 1984
VLN 212-475 · LSV 135 9
Lektor: Christoph Needon
Umschlagentwurf: Gerd Ohnesorge
Typographie: Helmut Matthieu
Lichtsatz: INTERDRUCK Graphischer Großbetrieb Leipzig – III/
18/97
Reproduktion: Sachsendruck Plauen
Druck und buchbinderische Verarbeitung: Neues Deutschland Berlin
Printed in the German Democratic Republic
Best.-Nr.: 653 655 6
00900

Vorwort

Dieses kleine Pilztaschenbuch wendet sich an einen weiten Kreis von Pilz-
liebhabern, die sich einen Überblick über die wichtigsten Speise- und Gift-
pilze verschaffen möchten.
Es wurde dabei der neueste Stand der wissenschaftlichen Erkenntnisse der
Pilzkunde in der Systematik, der Nomenklatur, ernährungsphysiologischen
Bedeutung der Pilze sowie der Medizin berücksichtigt. Doch das Büchlein
ist nicht als Einführung in die Mykologie, die wissenschaftliche Pilzkunde,
gedacht. Dazu gibt es andere Werke. Das Taschenbuch ist einmal für die
Hausfrau bestimmt. Es soll aber auch allen anderen Interessierten treuer
Begleiter im Walde sein, damit jeder durch sachgemäßes Pilzsammeln unse-
ren staatlichen Aufkaufstellen und damit der ganzen Bevölkerung dieses
hochwertige Nahrungsmittel anbieten kann. Es wendet sich aber ebenso an
alle Kinder, denn sie haben ein gut ausgeprägtes visuelles Gedächtnis. Deshalb ist besonderer Wert darauf gelegt worden, daß die Bilder nicht sche-
matisiert sind, sondern den typischen Charakter, den »Habitus« des dar-
gestellten Pilzes bringen, ohne dabei die wichtigsten Erkennungsmerkmale
zu vernachlässigen. Text und Bild zusammen sollen dem Pilzfreund das
leichte Erkennen unserer häufigsten und wichtigsten Pilze ermöglichen.
Die Bilder wurden nicht nur nach der Natur, sondern auch zum Teil direkt
in der Natur gemalt. Ein Teil der Pilzbilder entstand nach Original-Aqua-
rellen, die mein Vater, F.E.Stoll, schuf, der die Pilze liebte, kannte und im
Lauf seines langen Lebens in größter Feinheit und Genauigkeit malte und
beschrieb. So danke ich meinem Vater für die Überlassung seiner Aquarelle
und für die Unterweisung in der Pilzkunde, die ich seit meiner Kindheit
von ihm empfing. Aber auch meinem Mann, Dipl.-Gärtner Günther Bickerich, und seinem Bruder, Dr. Reinhard Bickerich, bin ich dankbar für die
Beratung bei der Zusammenstellung der Kapitel und die Bereitstellung von
Literatur sowie für die Mithilfe bei den schwierigen nomenklatorischen Fra-
gen und der Definition der Fremdwörter.
Gleichzeitig möchte ich an dieser Stelle auch Frau Mila Herrmann für die
Durchsicht und die dabei erfolgten Hinweise danken.

Katharina Bickerich-Stoll

Inhalt

3   Vorwort

5   Wie man Pilze kennenlernt

7   Pilzesammeln will gelernt sein

9   Wo und zu welcher Jahreszeit wachsen Pilze?

12   Pilzvergiftungen

17   Knollenblätterpilze kurz umrissen

20   Beschreibungen und Abbildungen der Pilze

140   Register der deutschen und wissenschaftlichen Pilznamen

Wie man Pilze kennenlernt

Viele behaupten, alle Pilze zu kennen, aber sie können nicht einmal einen Gallenröhrling von einer Marone unterscheiden. Andere dagegen, die angeben, nur wenige Pilze zu kennen, können von einer ganzen Anzahl die Merkmale gut beschreiben. Es erhebt sich dabei die Frage: Kann ein Mensch überhaupt alle Pilze kennen? Nein, das kann niemand, denn es gibt ungefähr 100 000 Arten. Freilich handelt es sich bei dieser großen Zahl größtenteils um die meist recht kleinen, nur mit dem Mikroskop genau zu bestimmenden Arten. Aber auch von den größeren Pilzen aus den Klassen der Ascomyzeten und Basidiomyzeten gibt es in Mitteleuropa etwa 3 400 Arten. Selbst die besten Mykologen sind sich keineswegs immer sofort über den Pilz im klaren, den sie vor sich haben.

Wie wird man denn nun Pilzkenner? Der sicherste Weg ist, Praxis und Theorie zu verbinden. Man nimmt an möglichst vielen Pilzwanderungen teil, die meist in der Tagespresse bekanntgegeben werden. Der sachkundige Leiter der Wanderung nennt dabei die vorgelegten Pilze oder bestimmt sie an Hand mitgebrachter Literatur. Oft wird es aber vorkommen, daß auch er einen Pilz nicht sofort erkennen oder bestimmen kann. Daran darf man sich nicht stoßen, denn nur gewissenlose Leute nennen irgendeinen Namen, lediglich, um sich keine Blöße zu geben. Es ist ratsam, die vom Wanderungsleiter bestimmten Pilze, mit Namenszetteln in Papier gewickelt, mit nach Hause zu nehmen und dort noch einmal an Hand neuerer Literatur, z. B. Moser oder Michael/Hennig/Kreisel Schritt um Schritt nachzuprüfen, wobei man sich erfahrungsgemäß die Merkmale des Pilzes gut einprägt. Es genügt nicht, die Pilze nur mit den Abbildungen zu vergleichen, man muß zu ihrer Bestimmung auch den Text zu Hilfe nehmen, der die kennzeichnenden Merkmale und Unterschiede der jeweiligen Arten beschreibt.

Man wird sehr bald feststellen, daß es unter ihnen verschiedene Formen gibt und sehr bald, daß es notwendig ist, bei einem Pilz, den man nicht gleich erkennt, zuerst die Unterseite des Hutes zu betrachten, um zu sehen, ob er Lamellen (Blätter), Röhren, Poren, Leisten oder Stacheln besitzt. Ist dies nicht der Fall, so wird es sich um eine Ordnung handeln, deren Sporenmasse in einer anderen Weise untergebracht ist: etwa als Belag auf dem Fruchtkörper (Morcheln, Lorcheln) oder innerhalb der Fruchtkörper (Boviste). Die Feststellung dieser makroskopischen Merkmale ist gewissermaßen der allererste Schritt bei der Bestimmung eines Pilzes. Man kann dann mit Hilfe der genannten Bücher die Gattung bzw. Art ergründen. Dies wird im allgemeinen für den Pilzliebhaber, der für den eigenen Gebrauch oder zum Verkauf Pilze kennenlernen will, vollauf genügen. Wer aber außer den häufigeren Pilzen auch die selteneren und solche Arten, die sich voneinander kaum unterscheiden, bestimmen will, muß dann schon zu mikroskopischen und chemischen Hilfsmitteln greifen, um zum Ziel zu gelangen. Neben den sichtbaren Merkmalen kann man einen Pilz auch noch an seinem Geruch und Geschmack erkennen. Allerdings gehen gerade auf diesem Gebiet die Meinungen sehr auseinander. Doch sind in großen Zügen bei vielen Pilzarten einmütig bestätigte Geruchs- und Geschmackswerte festgestellt worden. So riecht z. B. der Gelbliche Knollenblätterpilz *(Amaníta cítrina)* (siehe S. 22) nach Kartoffelkeimen. Das wird jeder bestätigen, der nicht gerade einen Schnupfen hat oder ein sehr starker Raucher ist. So erklärte mir z. B. einmal ein Mann, der ein starker Raucher war, daß er den Gallenröhrling *(Tylópilus félleus)* (siehe S. 102) stets mit nach Hause nimmt und ihn wie jeden anderen Speisepilz behandelt und ißt. Er sei ein guter Speisepilz, und er verstünde es nicht, daß ihn die anderen Leute nicht essen wollten.

Außer den verschiedenen Merkmalen der Pilze muß man sich aber auch ebenso genau die unmittelbare Umgebung des zu bestimmenden Pilzes ansehen, denn viele Pilze sind an einen ganz bestimmten Standort gebunden. Man wird beobachten müssen, ob und welche Bäume in seiner Nähe stehen, ob der Pilz im Nadelhumus, im Sande, im faulenden Laub, im Rasen oder auf Holz wächst, wobei die Art des Holzes zu beachten ist.

Bei der Bestimmung eines Pilzes muß man auch berücksichtigen, daß der Pilz in Form und Farbe keineswegs einem starren Schema unterliegt. Die gleiche Pilzart kann in ein und demselben Walde ganz verschieden aussehen, so daß der Nichtkenner niemals auf den Gedanken kommt, daß es sich bei den Exemplaren, die er gefunden hat, um dieselbe Art handelt. Dagegen kann es vorkommen, daß Pilze zweier verschiedener Arten sich auf den ersten Blick zum Verwechseln ähnlich sehen. Diese häufig auftretende Ähnlichkeit ist schon manchem zum Verhängnis geworden, denn nicht selten besteht sie gerade zwischen eßbaren und stark giftigen Pilzen. Auf einer Wanderung, die ich leitete, bekam ich zwei Pilze in die Hand, die auf ihrer Oberseite völlig gleich waren. Ich nahm in jede Hand einen der Pilze und hielt beide so, daß nur die Oberseite der Hüte sichtbar war. Jeder, der dazu kam, sagte, daß es sich um zwei ganz gleiche Grünlinge handle. Beide waren olivgrün mit einer bräunlich angehauchten Mitte, beide etwas feuchtschmierig glänzend, ganz gleich! Erst als ich die Hände öffnete, die Pilze offen dalagen, so daß Stiel und Lamellen sichtbar wurden, sah man den Unterschied: Der eine hatte dicke, gelbe Lamellen, einen gelblichen Stiel und nur eine geringe Verdickung an der Stielbasis. Der andere dagegen besaß weiche, weiße Lamellen, zwischen denen es zart grünlich durchschimmerte, einen weißen, grünlich gemaserten Stiel, einen weichen, hängenden Ring und an der Stielbasis eine Knolle, deren Hauttasche den unteren Teil des Stieles umschloß. Der eine war der eßbare Grünling *(Tricholóma flavovírens)* (siehe S. 50), der andere der tödlich wirkende Grüne Knollenblätterpilz *(Amaníta phalloídes)* (siehe S. 20)!

So gehört zum Kennenlernen von Pilzen auch der Vergleich. Man soll sich also nicht nur die Pilze ansehen, die für die Bratpfanne in Betracht kommen, sondern ebenso genau und dazu vergleichend die ungenießbaren und giftigen, um vor Verwechslungen geschützt zu sein! Aber auch verschiedene Exemplare der gleichen Art muß man miteinander vergleichen, dann wird man feststellen, daß mehrere Exemplare, so verschieden sie auch sein mögen, doch immer dieselben charakteristischen Merkmale tragen.

Pilzesammeln will gelernt sein

Wenn man auf Pilzsuche in den Wald geht, soll man sich mit einem Korb und einem spitzen Küchenmesser ausrüsten. Da das gesammelte Pilzgut sehr schnell in Fäulnis übergeht, wenn es nicht luftig und locker gelagert wird, muß man es in Körbe sammeln, bei denen von allen Seiten Luftzufuhr gewährleistet ist und die Pilze sich nicht gegenseitig zusammendrücken.

Mit dem kleinen Küchen- oder Taschenmesser werden die eßbaren Pilze gleich an Ort und Stelle geputzt und von madigen Stellen befreit. Keinesfalls darf der Pilz mit dem Messer über dem Erdboden abgeschnitten werden. Das ist ein großer Fehler, der immer wieder gemacht wird. Der Pilz soll aus der Erde herausgehoben werden. Dabei ist vor allem bei Blätterpilzen gewissenhaft darauf zu achten, daß das ganze Stielende möglichst unbeschädigt herauskommt. Viele Pilzsammler sagen, sie hätten von den Forstleuten den Hinweis bekommen, die Pilze abzuschneiden. Forstleute, die das sagen, haben ihre Gründe dazu, denn leider gibt es unzählige Pilzsammler, die die Pilze gleich mit einer Menge Moos aus der Erde herausreißen. Das ist natürlich nicht zu verantworten, denn mit dem herausgerissenen Moos und dem Humus wird vielfach junger Pilznachwuchs zerstört und das unter der Oberfläche hinstreichende Myzel, die eigentliche Pilzpflanze, verletzt. Wenn man den Pilz aber herausdreht, dann löst er sich mit nur wenig Waldboden von seinem Myzel. Dagegen wird auch kein Forstmann etwas einzuwenden haben.

Doch warum soll man die Pilze mit ihrem Stielende herausnehmen? Man schneidet es ja beim Putzen ohnedies ab. Die Antwort darauf ist einfach: Gerade am unteren Stielende, an der Stielbasis, befinden sich bei manchen Pilzen die wichtigsten Erkennungsmerkmale. Dies trifft allerdings in der Hauptsache für Blätterpilze zu. So ist schon vorgekommen, daß Leute beim Sammeln von Champignons oder Grünlingen nach der Methode des Abschneidens versehentlich eine weiße oder stark olivgelbe Form des Grünen Knollenblätterpilzes in den Korb getan haben. Die Knolle war unbeachtet im Erdboden zurückgeblieben und der zarte weiche Ring in der Hand hängengeblieben. Die Folge war dann eine schwere Vergiftung mit meist tödlichem Ausgang.

Nun sind aber keineswegs alle Giftpilze mit einer Knolle behaftet. Außerdem gibt es auch unter den Speisepilzen solche, die am unteren Stielende eine Verdickung haben, ja, die sogar in die Gattung der Knollenblätterpilze gehören.

Gibt es denn allgemeingültige Merkmale, an denen man sofort sehen kann, daß es sich um einen Giftpilz handelt? Nein, die gibt es nicht! Viele Leute halten es noch immer für die sicherste Methode, einen Giftpilz in einem Gericht festzustellen, wenn sie eine Zwiebel oder einen silbernen Löffel mitkochen. Falls Giftpilze enthalten sind, sollen Zwiebel und Löffel schwarz anlaufen. Das ist aber ein gefährlicher Irrtum! Ich selbst habe Grüne Knollenblätterpilze zur Probe mit Zwiebeln und einem silbernen Löffel zusammen gekocht. Doch weder die Zwiebeln noch der silberne Löffel wurden im mindesten schwarz! Auch besteht bei vielen Pilzsammlern die Meinung, daß alle Pilze, die angenehm schmecken, auch eßbar seien. Dieser Irrtum ist genauso gefährlich, denn: **alle unsere lebensbedrohenden Giftpilze schmecken ausgezeichnet!** Auch wird häufig die Meinung vertreten, daß Pilze, die von Wildkaninchen, Eichhörnchen und Maden gefressen werden, nicht giftig seien. Auch das ist ein Irrtum, denn was für den menschlichen Organismus gefährlich ist, braucht für den Organismus mancher Tiere gar nicht schädlich zu sein. Bekanntlich wirken die Gifte des Grünen Knollenblätterpilzes auf Wildkaninchen und auch Schweine nicht oder nur wenig. Fliegenpilze werden mit besonderer Vorliebe von Wildkaninchen und Rehen genommen.

Besteht denn überhaupt die Möglichkeit, sich vor Vergiftungen zu schützen? Ja, es gibt da ein sogar ganz sicheres Mittel: Man muß die Speisepilze und die Giftpilze Schritt für Schritt genau kennenlernen und nur solche Pilze sammeln, die man wirklich gut kennt! Die unbekannten Pilze soll man stehen lassen, ohne sie zu zerstören; sie sind oft einem anderen bekannt. Ein sehr zuverlässiger Weg, sich vor Vergiftungen zu schützen, ist das Aufsuchen der Pilzberatungsstelle, die es heute in jeder größeren Ortschaft, zumindest in jeder Kreisstadt gibt. Es sollten sich alle, die Interesse am Pilzesammeln haben, möglichst bald nach der für ihren Aufenthaltsort zuständigen Pilzberatungsstelle umsehen. Gerade Urlauber sollten besonders eingehend von den Pilzberatungen Gebrauch machen, weil sie die an dem Urlaubsort vorkommenden Pilzarten häufig nicht kennen oder nicht erkennen. da ihr Aussehen oft dem anderen Standort entspricht und außerdem bei ihnen zu Hause andere Arten überwiegen. Es gibt also Möglichkeiten genug, sich vor Vergiftungen weitgehend zu schützen.

Beim Pilzesammeln soll man nicht wahllos Pilze aller Altersstufen mit nach Hause nehmen. Weitgehend ausgewachsene, völlig ausgereifte und schon überständige Pilze (wobei keineswegs immer die Größe ausschlaggebend ist) müssen stehen gelassen werden, insbesondere dann, wenn noch andere, weniger überreife Exemplare vorhanden sind.

Pilze mit ausgereiftem Sporenstaub enthalten nur noch wenig verdauliches Eiweiß, sind also in ihrer Qualität viel schlechter als noch nicht ausgereifte, die im Gegensatz zu jenen fest, kernig und somit auf dem Transport viel widerstandsfähiger sind. Auch im Geschmack sind sie viel besser als die alten, im Fleisch oftmals weichlichen, gummiähnlichen Exemplare, die sich bei nassem Wetter weit mehr mit Wasser vollsaugen als die jungen Pilze. Alte Pilze sollte man stets als Sporenstreuer an Ort und Stelle stehen lassen. – Ebensowenig darf man die ganz kleinen Pilze einernten, deren Köpfe erst erbsengroß (Pfifferlinge) oder kirschgroß (Steinpilze, Maronen) sind. Wie oft sieht man an guten Pfifferlingsstellen den Waldboden ringsum aufgekratzt. Eine solche Handlungsweise ist verwerflich und schädigt das Pilzwachstum und den Waldboden. Man vergesse nicht, daß die noch kleinen Pilzchen durch die entblößten Myzelteile vertrocknen müssen. Dabei könnten sie bereits am nächsten Tage eine neue, gute Ernte liefern!

Wo und zu welcher Jahreszeit wachsen Pilze?

Die meisten Menschen sind der Meinung, daß eßbare Pilze nur im Sommer und Herbst, allenfalls auch noch im Frühjahr, zu finden seien. Um so verwunderter sind sie, wenn man ihnen sagt, daß sich auch im Januar ein köstliches Pilzgericht aus dem Walde oder den Parkanlagen beschaffen läßt. Freilich ist bei uns in Mitteleuropa die warme Jahreszeit, insbesondere der Herbst, die Zeit der Pilze. In manchen Jahren treten sie massenhaft auf, in manchen aber so wenig, daß der Pilzfreund gar nicht recht auf seine Kosten kommt. Woran liegt das? Ist das Wachstum der Pilze an besondere Bedingungen gebunden, und welche sind diese? Selbstverständlich müssen die verschiedensten Voraussetzungen gegeben sein, damit die Pilze nicht nur unterirdisch als Myzel wachsen, sondern auch ihre Fruchtkörper, eben die »Pilze«, entwickeln können. Die Pilze brauchen zu ihrer Entwicklung einmal einen aus organischen Substanzen bestehenden Nährboden, zum zweiten einen genügend hohen Grad an Feuchtigkeit und drittens auch geeignete Temperaturen. Diese drei Grundfaktoren sind aber keineswegs für das Pilzwachstum ausreichend, und man steht immer wieder vor neuen Überraschungen. Selbst der gute Pilzkenner, der vielleicht schon jahrzehntelang Pilze sammelt, kann sich manche Erscheinungen im Pilzwachstum nicht erklären. Es ist schon häufig vorgekommen, daß man nach einem feuchtwarmen Sommer einen pilzreichen Herbst erwartet hatte, und folgte dann auch noch ein feuchtmilder Herbst, so freute man sich schon auf eine reiche Ernte. Aber wider alles Erwarten blieben die erhofften Pilzschätze aus. Doch es war auch schon das Gegenteil der Fall: Man hatte keine größere Anzahl Pilze erwartet, und doch setzte eine reiche Ernte ein. Welche Zusammenhänge da mitgewirkt haben, läßt sich nicht ohne weiteres ermitteln. Es können klimatische Einwirkungen gewesen sein, die schon im vorangegangenen Jahr erfolgt waren und sich erst später auswirkten. Andererseits kann man aber Jahr für Jahr in verschiedener Hinsicht gewisse Regelmäßigkeiten beobachten. In bergigen oder hügeligen Waldgebieten wird man in kalten Jahren auf den nach Süden gerichteten Hängen mehr Pilze finden als auf den nördlichen, da die Sonne eine Bodenerwärmung der Südhänge bewirkt. In heißen, trockenen Jahren dagegen trifft man eher an den Nordhängen, die der Sonneneinstrahlung nicht ausgesetzt sind, Pilze an, da sich dort die Feuchtigkeit länger halten kann.

Die Annahme vieler Leute, daß Pilze bei Vollmond besser wachsen als bei abnehmendem Mondlicht, ist nicht erwiesen.

Bezüglich des Pilzwachstums kann entsprechend der Beschaffenheit der Wälder eine gewisse Gesetzmäßigkeit festgestellt werden. In lichten, trockenen Nadelwäldern (Kiefer) finden wir ein weitaus reicheres Pilzvorkommen als in dunklen, nassen Laubwäldern. Der reine Kiefernbestand bietet mehr als der reine Fichtenbestand. Jedoch sind die forstlich gesunden Wälder mit gemischten Beständen die pilzreichsten. In ihnen kommen durch die verschiedenen Gehölzarten auch die unterschiedlichsten Substrate vor, die

die mannigfaltigen Pilzarten zum Wachstum benötigen. Dabei sind diese Substrate nicht nur reichhaltiger, sondern die Wurzeln der unterschiedlichen Holzarten geben auch den zahlreichen Pilzarten mit symbiontischem Charakter die besten Wachstumsmöglichkeiten (Mykorrhiza).

So gibt es Pilze, die an besondere Gehölzarten gebunden sind, die das Zusammenleben, die Symbiose, mit speziellen Pflanzen bevorzugen. Ja, manche Pilze sind, wie bereits an anderer Stelle erwähnt, auf eine bestimmte Gehölzgattung ganz und gar angewiesen. Als Beispiel sei hier der Goldröhrling *(Suíllus grevíllei)* (siehe S. 112) genannt, der nur unter Lärchen vorkommt.

Jeder Pilzfreund, der jahrein, jahraus im selben Wald auf Pilzjagd geht, kennt sein Revier und weiß, wo die besten Pilzstellen sind. Er weiß auch, wie sich bei den verschiedenen Witterungsverhältnissen das Pilzwachstum seines Reviers verhält. Aber auch er erlebt oft Überraschungen. Es geschieht immer wieder, daß eine jahrelang ergiebige Pilzstelle ganz unverhofft, selbst in einem guten Pilzjahr, keinen einzigen Pilz mehr hervorbringt. Das kann mancherlei Gründe haben. Es ist möglich, daß das Pilzmyzel sich erholt, gleich einem Obstbaum, der auch in manchen Jahren keinen Ertrag bringt, um dann in anderen wieder um so reicher anzusetzen. Das Myzel kann aber auch krank oder gar zerstört sein. Es können die verschiedensten Umwelteinflüsse am Versiegen des Pilzwachstums teilhaben. Umgekehrt können aber auch mit dem Einzug neuer Pflanzen in ein Gebiet plötzlich neue Pilzstellen entstehen. In unserem eigenen Waldgrundstück (anfangs fast ganz reiner Kiefernbestand) stieg das wohl bereits bestehende Vorkommen von Maronen *(Xerócomus bádius)* (siehe S. 102) sprunghaft an, als sich durch Auslichtung des Bestandes die Drahtschmiele *(Deschámpsia flexuósa)* einstellte. Dieses Gras wächst büschelig, horstartig. In den Horsten, oftmals ganz versteckt, mit der Stielbasis mitten aus dem Wurzelwerk herauswachsend, erscheinen die Maronen massenhaft.

Aber nicht nur die pflanzensoziologische Umwelt bestimmt das Wachstum der Pilze, sondern auch die Bodenbeschaffenheit ist bei manchen Pilzarten ausschlaggebend. Der Satanspilz *(Bolétus sátanas)* (siehe S. 118) ist unbedingt auf Kalkboden angewiesen. Auf saurem Boden kann er nicht gedeihen. Die Frühjahrslorchel *(Gyromítra esculénta)* (siehe S. 136) hingegen kann nur auf saurem Boden wachsen. Sie kommt daher auch nur im sandigen Kiefernwald vor, am liebsten im Jungwuchs und an alten Brandstellen. Außerdem sind fast alle Pilze auf eine bestimmte Jahreszeit angewiesen, einige von ihnen sogar auf eine verhältnismäßig kurze Zeitspanne. So wachsen z. B. die eben erwähnte Frühjahrslorchel und auch die Speisemorchel *(Morchélla esculénta)* (siehe S. 136) nur im zeitigen Frühling. Unsere meisten Speisepilze entwickeln das Hauptwachstum ihrer Fruchtkörper vom Spätsommer bis zum Herbst. Der Pfifferling *(Cantharéllus cibárius)* (siehe S. 82) liebt den Früh- und Hochsommer, kann aber auch im Herbst auftreten, wie es ja überhaupt immer wieder Abweichungen und auch Abnormitäten gibt. Zu den ausgesprochenen Herbstpilzen gehören der Grünling *(Tricholóma flavovírens)* (siehe S. 50), der Nebelgraue Trichterling *(Clitó-*

cybe nebuláris) (siehe S. 72), der Violette Rötelritterling *(Lepísta núda)* (siehe S. 52) und der Hallimasch *(Armilliariélla méllea)* (siehe S. 92), um nur einige zu nennen. Pilze des Spätherbstes und Frühwinters sind weiterhin der Frostschneckling *(Hygróphorus hypothéjus)* und der Schneepilz *(Tricholóma portentósum)* (siehe S. 48). Jedoch vergehen auch sie bei anhaltendem Frost. Es gibt aber auch gute Speisepilze, denen selbst andauernder strenger Frost nichts anhaben kann, die, sobald milde Tage mit Tauwetter einsetzen, flott weiterwachsen und sich selbst in hartgefrorenem Zustand (zum s o f o r t i g e n Verbrauch) gut einernten lassen und ein köstliches Mahl ergeben. Solche Pilze sind der Austernseitling *(Pleurótus ostreátus)* (siehe S. 96) und der Winterrübling *(Flammulína velútipes)* (siehe S. 94), ein ganz besonders wohlschmeckender Pilz.

Der Grünblättrige Schwefelkopf *(Hypholóma fasciculáre)* (siehe S. 90) kommt zur Zeit der ersten Frühlingsblumen aus alten Laub- und Nadelholzstümpfen hervor, um erst mit den Frösten des Winters als dunkelbraune Masse über die alten Stubben zu sinken. Er bildet also praktisch bis auf die Wintermonate das ganze Jahr über seine Fruchtkörper aus. Mit seiner Bitterkeit hat er schon so manchen Pilzsammler zum Speien gebracht. Es gibt aber zahlreiche Pilze, deren Fruchtkörper ausdauernd sind, die Jahr um Jahr ein Stück größer werden. Sie sitzen in schönen Formen und Farben an lebenden und toten Bäumen. So interessant diese Pilze, die Porlinge, auch sein mögen, der Forstmann freut sich nicht über sie. Ihr Auftreten zeigt ihm an, daß der Baum, an dem sie wachsen, rettungslos krank und verloren ist.

Zusammenfassend kann man also sagen, daß sich die Zusammenhänge im Pilzwachstum nur bis zu einem gewissen Grade einem Schema einordnen lassen. Wohl existieren Gesetzmäßigkeiten im Wachstum der Pilze, denen sie fest unterworfen sind. Doch man kennt diese noch lange nicht genau. Daher kann man auch noch nicht jeden beliebigen Pilz in Kulturen anbauen. Das ist bekanntlich nur mit einigen Arten weitgehend geglückt (z. B. mit dem Zuchtchampignon), bei denen man die Voraussetzungen ihres Wachstums genau kennt. Verschiedene holzbewohnende Pilze lassen sich gleichfalls züchten, so z. B. den Austernseitling, dessen Myzelteile auf Laubholzstümpfe geimpft werden. Man kann aber auch einen Hut mit reifen Sporen zum Aussporen auf den Baumstumpf bringen, um den Pilz anzusiedeln, doch dauert dieses Verfahren länger als das vorige. Auch andere holzbewohnende Pilze, wie Stockschwämmchen *(Kuehneromýces mutábilis)* (siehe S. 94) und Winterrübling *(Flammulína velútipes)* (siehe S. 94), lassen sich durch Myzelimpfung kultivieren. Vor der Züchtung des Hallimasches muß gewarnt werden, insbesondere dann, wenn sich in der Nähe des Ortes, wo der Hallimasch in Kultur genommen werden soll, Obstbäume befinden, die durch diesen Pilz besonders gefährdet sind. – Bei anderen Speisepilzen (Steinpilz, Marone, Pfifferling) hat man aber bisher noch keine Erfolge erzielen können. Somit ist man auch weiterhin darauf angewiesen, die Pilze zu sammeln, die der Wald bietet.

Pilzvergiftungen

Leider ereignen sich alljährlich immer wieder Pilzvergiftungen, auch bei solchen Personen, die fest von ihren guten Pilzkenntnissen überzeugt sind. Man unterscheidet unechte und echte Pilzvergiftungen, wobei unechte Vergiftungen genauso gefährlich und ernsthaft werden können wie echte. Zu den unechten Vergiftungen zählt man alle Krankheitserscheinungen, die nach dem Genuß von Pilzen durch nicht pilzeigene Giftstoffe ausgelöst werden. Echte Pilzvergiftungen hingegen sind Vergiftungen durch giftig wirkende Stoffe, die dem jeweiligen Pilz arteigen sind und im menschlichen Organismus Schädigungen verschiedener Art hervorrufen.

Die häufigste und schwerste Form der unechten Vergiftung tritt durch verdorbene Pilze auf. Dabei handelt es sich um eine Lebensmittelvergiftung, ähnlich wie sie nach dem Genuß von verdorbenem Fleisch und Fisch oder nicht einwandfreien Fleisch- und Fischwaren (Wurst, Konserven) häufig in Erscheinung tritt. Als Ursache sind fast immer Eiweißzersetzungsstoffe anzusehen. Bei diesen mitunter gefährlichen Vergiftungen ist schnelle ärztliche Hilfe notwendig und oft lebensrettend.

Andere unechte Vergiftungen können auch durch mechanische Reize entstehen, wenn beispielsweise Pilze zu hastig und zu wenig zerkleinert gegessen werden. In diesen Fällen muß die unzerkaute und daher unverdauliche Masse recht schnell ausgebrochen werden, solange sie noch im Magen ist. Wenn die Pilze unverdaut in den Darm gelangen, können sie heftige Beschwerden verursachen und sogar zum Darmverschluß führen.

Eine zwischen echten und unechten Pilzvergiftungen liegende Form äußert sich in verschieden heftigen Unverträglichkeitserscheinungen, die bei einigen Menschen durch einwandfreie und richtig zubereitete Speisepilze ausgelöst werden können. Hierbei handelt es sich um eine individuelle Überempfindlichkeit gegen bestimmte Speisen, wie z.B. auch durch Fisch, Erdbeeren, Innereien auftritt. Sofern ein Widerwille mit der Unverträglichkeit verbunden ist, spricht man von einer Idiosynkrasie. Besteht aber keine direkte Abneigung und treten dennoch nach dem Genuß krankhafte Erscheinungen auf (Ausschlag, Quaddeln, Fieber), so handelt es sich um Allergien. Ich hörte z.B. von einem jungen Mädchen, das keine Steinpilze vertragen konnte. Sie reagierte sofort, wenn in einem Gericht Steinpilze enthalten waren, ihr wurde schlecht. Die Mutter vermutete, daß ein gut Teil Einbildung mit schuld war, und beschloß deshalb, die Tochter zu überlisten. Sie bereitete ein Pilzmischgericht, in dem sich ein einziger kleiner Steinpilz befand. Vor dem Essen fragte die Tochter, ob Steinpilze im Gericht enthalten seien. Die Mutter verneinte es. Als die Tochter das ihr gut schmeckende Mahl gegessen hatte, sagte sie nach einer Weile: »Mutter, du mußt dich versehen haben, es ist doch ein Steinpilz enthalten gewesen, mir ist es schlecht geworden!« Oft kann man keine scharfe Grenze zwischen Allergie und Idiosynkrasie ziehen. Jedenfalls sollte man Pilze, gegen die man eine Abneigung oder gar einen Widerwillen hat oder nach deren Genuß man merkt, daß sie einem nicht bekommen, auf alle Fälle meiden, auch wenn sie noch so gut schmecken.

Die echten Pilzvergiftungen können sich sehr verschiedenartig äußern. Deshalb werden sie mitunter nicht gleich als solche erkannt. Zumeist wird angenommen, daß eine Pilzvergiftung immer mit Übelkeit, Erbrechen und Durchfall verbunden ist und daß diese Erscheinung bald nach dem Genuß der Mahlzeit auftreten würde. Beides trifft vielfach zu, aber keineswegs immer. Bei manchen Vergiftungen treten die Symptome erst 2 bis 4, ja sogar 8 bis 40 Stunden nach dem Genuß der Pilze auf, und gerade diese sind die gefährlichsten.

Wie machen sich nun die verschiedenen Krankheitserscheinungen einer Pilzvergiftung bemerkbar? Bei den meisten Giftpilzen stellen sich schon 20 bis 30 Minuten nach der Mahlzeit die ersten Anzeichen ein. Das sind Übelkeit, Magenschmerzen, Erbrechen und Durchfall, später treten Schwächegefühle, Schwindelanfälle, mitunter Ohrensausen, Speichelfluß, Schüttelfrost, Wadenkrämpfe oder Schweißausbrüche auf. Auch Trockenheit im Hals, Hitzegefühl, Sehstörungen bis zu vorübergehender Erblindung sowie unregelmäßige Herztätigkeit und Atemnot können sich einstellen. Nach dem Genuß mancher Giftpilze kommt es auch zu rauschartigen Zuständen, die Vergifteten fühlen sich in gehobener Stimmung, werden geschwätzig und müssen viel lachen. Dieser Zustand kann Formen von leichter bis schwerer Trunkenheit annehmen und auch zu Tobsuchtsanfällen führen, denen Schlafsucht bis zur Bewußtlosigkeit folgt. Die Vergiftungserscheinungen sind also sehr verschiedenartig und geben dem Kundigen in den meisten Fällen Aufschluß, welcher Giftpilz oder zumindest welche Gruppe von Giftpilzen die Erkrankung verursacht hat. Es gibt mehrere giftig wirkende Inhaltsstoffe in den verschiedenen Giftpilzarten, deshalb sind auch die Krankheitsbilder so unterschiedlich. Oftmals enthalten Pilze, die nach der systematischen Einteilung nicht verwandt sind, gleiche Giftstoffe. Nach den physiologischen Wirkungen auf den menschlichen Organismus unterscheidet man bei den Giftpilzen drei Hauptgruppen.

Gruppe I: Pilze mit lokaler Reizwirkung. Zu diesen gehören alle Pilze, die primäre Verdauungsstörungen hervorrufen, z. B. einige scharfschmeckende Täublinge, eine Anzahl von Milchlingen, der Satanspilz *(Bolétus sátanas)* (siehe S. 118) und andere. Die Vergiftungserscheinungen treten bei dieser Gruppe in den meisten Fällen recht bald nach dem Genuß der Mahlzeit auf und äußern sich durch Übelkeit, Erbrechen, Durchfall, mitunter auch Benommenheit, Schwäche und leichten Schweißausbruch.

Gruppe II: Pilze mit neurotroper Giftwirkung. Die Pilze dieser Gruppe enthalten Stoffe, die auf das Nervenzentrum wirken. Bei diesen Vergiftungen kommt es zu den bereits erwähnten rauschähnlichen Zuständen, zu Halluzinationen und Sinnestäuschungen, Lach- und Weinanfällen, Todeslustgefühlen, weiterhin zu übermäßigen Schweißausbrüchen, Sehstörungen, Wutanfällen, Lähmungen und Schlafsucht. Diese Erscheinungen werden vornehmlich durch zwei Gifte hervorgerufen, die in einigen Pilzen beide gleichzeitig enthalten sind: das Muscarin und die Ibotensäure, zwei sich zueinander antagonistisch verhaltende Stoffe, die sich in ihren Wirkungen eigentlich gegenseitig aufheben müßten, aber nebeneinander wirken. Dadurch kommt es zu einer starken Überreizung des Gehirns, die wiederum eine völlige Erschöpfung nach sich zieht. Da aber normalerweise die sehr auffälligen Krankheitserscheinungen schon etwa eine halbe Stunde nach der Mahlzeit auftreten, wird in den meisten Fällen der Arzt schnell zu benachrichtigen sein und eine baldige Entfernung der Pilzsubstanz aus dem Magen-Darm-Kanal durchgeführt werden können. Dadurch wird die Vergiftung rasch beseitigt. Leider treten aber immer wieder Fälle auf, besonders bei einzeln lebenden Personen, in denen die Vergiftung unbemerkt bleibt oder so spät entdeckt wird, daß die ärztliche Hilfeleistung zu spät kommt und der Patient verstirbt.

Zu den Pilzen, die diese beiden Gifte enthalten, gehören der Fliegenpilz *(Amaníta muscária)* (siehe S. 24) und der Pantherpilz *(Amaníta pantherína)* (siehe S. 28). Jedes Kind kennt den roten Fliegenpilz mit den weißen Punkten und weiß, daß er giftig ist. Seltener und weniger bekannt ist aber seine braune Rasse *(subsp. regális)*. Unbekannt ist meist auch, daß der Fliegenpilz manchmal, oft im Spätherbst, ohne weiße Punkte auftritt, in der Mitte rot, nach dem Hutrand hin ins Gelbliche verblassend. Nicht immer sind die weißen Tupfen in der Mitte vom Regen abgespült worden, denn ich fand junge Exemplare, die sich ohne Tupfen aus ihrer Hülle hervorgeschoben hatten. Weniger bekannt als der Fliegenpilz ist der Pantherpilz, der dem eßbaren Perlpilz *(Amaníta rubéscens)* (siehe S. 26) und dem Gedrungenen Wulstling *(Amaníta spíssa)* (siehe S. 28) sehr ähnlich sehen kann. Der Pantherpilz hat zu oft massenhaften Vergiftungen geführt.

Zur Gruppe II gehören auch die Pilze, die nur Muscarin enthalten und spontane, mitunter schwere Vergiftungen herbeiführen. Die Symptome seien noch einmal kurz erwähnt: überaus starker Speichelfluß und Schweißausbruch (Kleidungsstücke werden tropfend naß), Verengung der Pupillen bis zur vorübergehenden Erblindung, verlangsamter Puls, Gefäßerweiterung und Absinken des Blutdruckes. Die ersten Anzeichen der reinen Muscarinvergiftung sind bereits eine halbe bis zwei Stunden nach Einnahme der Pilzmahlzeit zu verzeichnen. So schwer diese Vergiftung sein kann, bei rechtzeitigem Eingreifen des Arztes wird sie sehr schnell durch ein spezifisches Gegenmittel, das Pflanzenatropin, behoben. Nur wenn ärztliche Hilfe zu spät kommt, kann innerhalb von 12 Stunden der Tod eintreten. Zu den Pilzen mit reinem Muscaringehalt gehören mehrere Rißpilzarten, wie der bereits erwähnte Ziegelrote Rißpilz *(Inócybe patouillárdii)* und verschiedene Trichterlinge, z. B. der Feldtrichterling *(Clitócybe dealbáta)*. Der Ziegelrote Rißpilz kann im Jugendstadium mit jungen Mairitterlingen *(Calócybe gambósa)* (siehe S. 46) oder jungen Champignonarten in noch geschlossenem Zustand verwechselt werden. Der weiße Feldtrichterling wächst gern an gleichen Stellen wie der Nelkenschwindling *(Marásmius oréades)* (siehe S. 86) und ist mit diesem zu verwechseln.

Die Giftpilze der Gruppe III enthalten Protoplasmagifte, die u. a. vornehmlich hepatotrop, also leberschädigend wirken. Sie rufen die schwersten

Vergiftungen hervor, die auch die meisten Todesopfer fordern. Die Hauptvertreter dieser Gruppe sind der Grüne Knollenblätterpilz *(Amaníta phalloides)* (siehe S. 20) und seine nahen Verwandten. Vergiftungen mit Pilzen dieser Gruppe sind deshalb so gefährlich, weil sie erst 8 bis 40 Stunden nach der Einnahme der Mahlzeit in Erscheinung treten. Nach dieser langen Zeit hat die Pilzsubstanz bereits den Verdauungskanal, oder zumindest dessen oberen Abschnitt, verlassen, und die Giftstoffe sind in die Blutbahn eingedrungen.

Der Grüne Knollenblätterpilz enthält mehrere Gifte, einmal das hepatotrop, plasmazerstörend und kapillarwandschädigend wirkende Phalloidin und außerdem das Amanitin mit erheblich stärkerer Wirkung als das Phalloidin. Die ersten Anzeichen der Vergiftung sind heftiges explosionsartiges Erbrechen und schwere wäßrige Durchfälle, die bald zu einer gefährlichen Wasserverarmung des Körpers führen. Ferner treten schwere Kreislaufstörungen und Herzschwäche auf. Wird die Kreislaufschwäche überwunden, kommt es nach kurzer scheinbarer Besserung wieder zu einer allgemeinen Verschlechterung des Zustandes durch Leberschädigung mit oftmals tödlichem Ausgang.

Ein weiterer Pilz mit hepatotroper Giftwirkung ist die Frühjahrslorchel *(Gyromitra esculénta)* (siehe S. 136). Ihr Giftstoff ist jetzt bekannt, es ist das durch LUFT, LIST (Marburg) und FRANKE (Dresden) entdeckte Gyromitrin, eine hoch giftige Verbindung, die in kochendem Wasser löslich und flüchtig ist. Das Gift kann durch Abschütten des Kochwassers jedoch nicht endgültig entfernt werden. Deshalb treten auch immer wieder schwere und schwerste Vergiftungen auf, deren Verlauf den durch den Grünen Knollenblätterpilz verursachten Vergiftungen ähnlich ist. Auch getrocknete Lorcheln sind nicht giftfrei, ihr Gyromitringehalt kann lebensgefährlich hoch sein. Auch bei diesem Pilz treten die Vergiftungserscheinungen erst 6 bis 8 Stunden (seltener 2 Stunden) nach dem Genuß auf. Sie äußern sich zunächst in bis zu 24 Stunden anhaltendem Erbrechen und wäßrigen Durchfällen. In schwereren Fällen stellen sich Leberschmerzen und etwa zwei Tage nach dem Genuß Gelbsucht ein. Oft kommt es zu Delirien und Bewußtlosigkeit und in den schwersten Fällen kurz vor dem Tode zu starkem Temperaturanstieg sowie Verschlechterung von Atmung und Puls.

Wenn dann zufällig, vor allem bei älteren Menschen, eine geringe Herz- und Leberfunktionsstörung vorhanden war, kam es zu den geschilderten sehr ernsten Erkrankungen. In diesem Zusammenhang sei darauf hingewiesen, daß sich jeder, der andere Personen zum Essen von Lorcheln veranlaßt oder ihnen welche verkauft, strafbar macht und zur Verantwortung gezogen werden kann. Doch wer will schon die Gesundheit oder gar das Leben eines anderen Menschen auf dem Gewissen haben?

Auch der Genuß roher Pilze kann zu Erkrankungen führen. Manche gut bekömmlichen Speisepilze enthalten Giftstoffe, die erst durch Erhitzen oder längeres Zubereiten zerstört werden. Der bemerkenswerteste Vertreter dieser Pilze ist der Kahle Krempling *(Paxíllus involútus)* (siehe S. 84), der von vielen Pilzfreunden als Speisepilz hoch geschätzt wurde. Manche Hausfrau mochte ihn so gern, daß sie sich beim Putzen der Pilze immer wieder ein Stück in den Mund schob. Es ist auch vorgekommen, daß Schulkinder, die in der Frühstückspause auf dem Schulhof einen Krempling fanden, sich diesen Pilz auf ihr Brot schnitten. Das Ergebnis ist meist eine sehr schnell einsetzende bösartige Erkrankung. Es ist bemerkenswert, daß die Vergiftung durch den Kahlen Krempling keiner festen Gesetzmäßigkeit unterworfen ist, sondern bei den verschiedenen Personen unterschiedlich auftritt. Meistens setzen nach dem Genuß von Kremplingen Verdauungsstörungen, Erbrechen und starker Schweißausbruch ein. – Die Giftstoffe des Pilzes konnten bisher noch nicht ermittelt werden. Es wurden aber in den letzten Jahren auch Allergene nachgewiesen, die bei einigen Patienten zum Tode führten.

Welche Maßnahmen sind nun zu ergreifen, wenn es nach dem Genuß einer Pilzmahlzeit zu krankhaften Erscheinungen kommt? Vor allen Dingen darf bei auftretendem Unbehagen, gleich welcher Art, keine Milch und kein Alkohol eingenommen werden! Alkohol begünstigt die Aufnahme der giftigen Stoffe in die Blutbahn und steigert zudem ihre Wirksamkeit beträchtlich. Bei allen Vergiftungserscheinungen muß sofort ein Arzt verständigt werden. Vor seinem Eintreffen soll man den Vergifteten zum Erbrechen bringen, entweder durch mechanischen Reiz oder Trinken von lauwarmem, leicht gesalzenem Malzkaffee. Auch nach dem Erbrechen sollte leicht gesalzenes, lauwarmes Wasser gegeben werden. Dadurch werden der Mageninhalt und damit die Giftstoffe verdünnt, weiteres Erbrechen herbeigeführt und somit die ganze Pilzsubstanz aus dem Magen entfernt. Dabei sollte medizinische Kohle eingenommen werden. Erkrankte, die besinnungslos sind oder im Erschöpfungsschlaf liegen, dürfen nichts mehr eingeflößt bekommen. Der Arzt wird den Vergiftungserscheinungen entsprechend seine Behandlung ansetzen. Sobald eine Vergiftung bemerkbar wird, müssen Putzreste der zubereiteten Pilze sowie Reste der Mahlzeit oder auch Erbrochenes sichergestellt und vom behandelnden Arzt auf **schnellstem Wege** dem zuständigen Pilzsachverständigen zugeschickt werden.

Auf alle Fälle ist es wichtig, entweder vom Erkrankten selbst oder von seinen Angehörigen oder Nachbarn Angaben über Aussehen und Fundort der gesammelten Pilze, über deren Zubereitung und Aufbewahrung und die Zeit der Einnahme der Mahlzeit zu erfragen. Erst eine gewissenhafte Ermittlung aller Faktoren ermöglicht ein genaues Erkennen einer Pilzvergiftung und eine exakte, gezielte Behandlung. Auf keinen Fall sollte ohne Arzt selbst »herumgedoktert« werden. Eine Vergiftung ist keine Schande, die man geheimhalten müßte. Der beste Schutz ist jedoch Kennenlernen der Pilze und Achtsamkeit beim Sammeln!

Knollenblätterpilze kurz umrissen

Da zur Gattung der Knollenblätterpilze oder Wulstlinge *(Amanitae)* die gefährlichsten Giftpilze gehören, aber auch gute Speisepilze, soll hier an Hand von Skizzen der Aufbau der Wulstlinge kurz geschildert werden. Wer sich die Merkmale der verschiedenen Knollenblätterpilzarten gründlich einprägt, schützt sich weitgehend vor den schlimmsten Vergiftungen.

Im Jugendstadium, wenn die Fruchtkörper sich noch unter der Erdoberfläche befinden oder erst wenig aus dem Erdboden herauskommen, sind die Wulstlinge von einer sie vollkommen umschließenden Haut (velum universale) umgeben. Diese häutige Hülle wird beim Heranwachsen des Pilzes aufgerissen und bleibt in unterschiedlicher, einer jeden Art charakteristischen Weise auf dem Hut und an der Stielbasis zurück. Eine andere häutige Hülle bedeckt im frühen Jugendstadium des Pilzes die Lamellen (velum partiale). Wenn der anfangs noch geschlossene Hut aufschirmt, reißt auch diese Hülle und bleibt als Manschette am oberen Drittel des Stieles hängen. Sie liegt den Lamellen einiger Arten (z. B. Perlpilz, Gedrungener Wulstling) anfangs so dicht an, daß sie später als Manschette den Abdruck der Lamellen zeigt und gerieft erscheint. Auch die Form der Knolle an der Stielbasis und die Art, in der sie die Reste der Gesamthülle trägt, ist einer jeden Art eigen und in den meisten Fällen das **wichtigste und sicherste Erkennungsmerkmal überhaupt.** Deshalb ist es so außerordentlich wichtig, daß vor allem alle Blätterpilze gewissenhaft mit ihrer ganzen Stielbasis aus dem Erdboden herausgehoben werden. Außer den hier skizzierten 5 Knollenblätterpilzarten gibt es noch einige andere zu dieser Gattung gehörende.

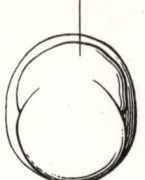
geschlossene Hülle

gerissene Hülle

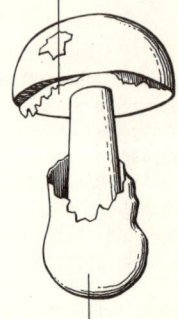
Velum aufreissend

Knolle mit Hülltasche

Entwicklungsstadien eines
Knollenblätterpilzes

Meist keine Hüllreste auf dem Hut,
höchstens ein Hautfetzen

Stiel mit
zarter Schraffur

Knolle mit
Hauttasche
(Hülltasche)

Grüner Knollenblätterpilz

Scharf abgesetzte
Knolle

Gelber Knollenblätterpilz

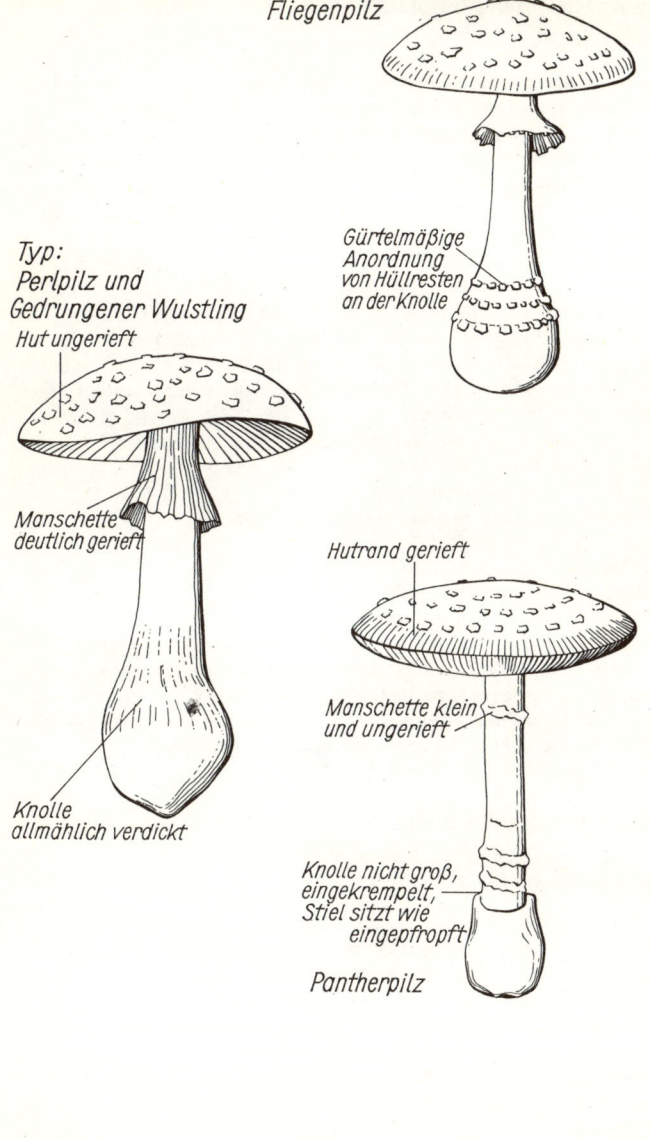

Fliegenpilz

Gürtelmäßige
Anordnung
von Hüllresten
an der Knolle

Typ:
Perlpilz und
Gedrungener Wulstling

Hut ungerieft

Manschette
deutlich gerieft

Knolle
allmählich verdickt

Hutrand gerieft

Manschette klein
und ungerieft

Knolle nicht groß,
eingekrempelt,
Stiel sitzt wie
eingepfropft

Pantherpilz

Grüner Knollenblätterpilz tödlich giftig

Amaníta phalloídes (Vaill. ex Fr.) Secr.

Allgemeine Kennzeichen: Mittelgroßer bis stattlicher Pilz, olivgrün bis gelb-lichgrün oder weiß, aus weißer, lappiger Scheide herauswachsend.
Hut: Olivgrün, gelbgrün, weiß verblaßt (im Frühling weiße Form *Amaníta phalloídes var. vérna*), in der Mitte bräunlich, feinfaserig radial geflammt. Feucht = schmierig, trocken = seidig glänzend. Anfangs kugelig, später auf-geschirmt, leicht gewölbt bis flach. Einzelne, sehr vergängliche oder keine Hüllreste. Durchmesser 6 bis 12 cm. (Siehe Skizze S. 18.)
Blätter: Weiß, weich, dicht stehend, sich oft fest aneinanderlegend, bei kräftiger Hutfarbe grünlich durchscheinend.
Stiel: Weiß bis grünlich mit mehr oder weniger ausgeprägter seidig schim-mernder Maserung, steckt mit der knolligen Verdickung in einer weißen bis grünlichen Hülltasche (Scheide) tief im alten Laub. Verjüngt sich von unten nach oben, am oberen Drittel eine leicht geriefte, weiche, lappige Man-schette. Stiel 8 bis 15 cm hoch.
Fleisch: Weich, weiß, unter der leicht abziehbaren Hutoberhaut gelblich-grün, an Kunsthonig erinnernd.
Geruch: Schwach süßlich, im Alter widerlich.
Geschmack: Nußartig, roh und gekocht angenehm.
Wert: Tödlich giftig!
Vorkommen: Mischwälder, Laubbestände, Parkanlagen, hauptsächlich un-ter Eichen, Buchen und Linden, vereinzelt bis häufig. Stellenweise auch weiße (albinotische) Formen. Juli bis September und später.
Achtung! Da Knolle tief im alten Laub verborgen, oft mit grünen Täub-lingen, Grünlingen und auch Egerlingen zu verwechseln! Deshalb alle Pilze sorgfältig mit Stielende herausheben! Vergiftung tritt erst 8 bis 40 Stunden nach Genuß des Pilzes in Erscheinung: unstillbarer Brechdurchfall. Nur durch sofortige Krankenhausbehandlung Rettung möglich.

Weißer Knollenblätterpilz tödlich giftig

Amaníta verna (Bull. ex Fr.) Pers. ex Vitt.
(syn. *Amaníta virósa* Lam. ex Secr.)

Hut: Anfangs kegelig-glockig, später ausgebreitet, strahlend weiß, im Alter gelblich überlaufen. Feucht = schmierig, trocken = seidig glänzend. Am Hutrande öfter Fetzen der in der Jugend die Lamellen bedeckenden Haut.
Blätter: Weiß, weich, mit flockiger Schneide.
Stiel: Weiß, faserig-flockig mit dicker Knolle und weicher, aufrecht stehen-der Scheide, tief im Boden steckend.
Geruch: Dumpfig, süßlich, widerlich.
Wert: Tödlich giftig! Gleiche Vergiftungserscheinungen wie oben.
Vorkommen: Fichtenwälder, auch unter Buchen, nicht häufig. Juli bis Oktober.

Grüner Knollenblätterpilz
(links)

Weißer Knollenblätterpilz
(rechts)

Gelblicher Knollenblätterpilz schwach giftig

Amanita citrina (Schaeff.) ex S. F. Gray (syn. *A. mappa* (Batsch ex Fr.) Quél.)

Allgemeine Kennzeichen: Mittelgroßer, blaß grüngelber Pilz mit scharf abgesetzter Knolle.

Hut: Kugelig gewölbt bis flach ausgebreitet, hell grünlich-gelblich bis fast weiß, trocken = seidig glänzend, feucht = klebrig. Mit weißlichgelben Hüllresten bedeckt, die später bräunlich werden. Durchmesser 6 bis 10 (12) cm.

Blätter: Weiß bis gelblich mit flockiger Schneide.

Stiel: Schlank, 8 bis 12 cm hoch, weißlich, an der Basis mit dicker, kugeliger, scharf abgesetzter Knolle, die anfangs manchmal eine Scheide hat. Manschette weiß bis gelblich. (Siehe Skizze S. 18.)

Fleisch: Weiß.

Geruch: Nach Kartoffelkeimen (charakteristisches Unterscheidungsmerkmal gegenüber dem Grünen Knollenblätterpilz).

Geschmack: Roh widerlich rübenartig (nach Michael/Hennig).

Wert: Kaum giftig, aber streng zu meiden, da Verwechslungsgefahr mit dem sehr giftigen Grünen Knollenblätterpilz groß.

Vorkommen: In Laub- und Nadelwäldern, häufig. Juli bis November. Die Entwicklungsstadien der Knollenblätterpilze sind auf Seite 18 abgebildet.

Gelblicher Knollenblätterpilz

Fliegenpilz

sehr giftig

Amanita muscária (L. ex Fr.) Hooker

Allgemeine Kennzeichen: Leuchtend roter Pilz, der in der Jugend ganz von flockigen, zuweilen kegeligen Hüllresten bedeckt ist.

Hut: Leuchtend scharlach- bis kirschrot, zur Mitte dunkler. Mit zahlreichen warzigen Hüllresten besetzt, die leicht abwischbar sind. Hutrand anfangs glatt, später gerieft. Durchmesser 10 bis 20 cm. Unter der Hutoberhaut, besonders zur Mitte, leuchtend orange bis gelb. (Nicht mit dem fleischrötlichen Farbton des Perlpilzes unter dessen Hutoberhaut verwechseln!)

Blätter: Weich, weiß bis gelblich.

Stiel: Schlank, bis 25 cm hoch, weiß mit anfangs abstehender, später hängender Manschette, die weiß bis cremefarbig, anfangs doppelschichtig erscheint und mit warzenähnlichen Zacken am Saum besetzt ist. Die Knolle am Stielgrunde trägt an ihrem Ansatz mehrere Reihen gürtelmäßig angeordneter warziger Reste der ursprünglichen Gesamthülle. (Siehe Skizze S. 108.)

Fleisch: Weiß, unter der Hutoberhaut orangegelb.

Geruch: Schwach.

Geschmack: Angenehm mit widerlichem Nachgeschmack.

Wert: Sehr giftig, Todesfälle sind vorgekommen. Manche Menschen vertragen ihn bis zu einem gewissen Grade und essen ihn gerne. Jedoch wird vor Nachahmung sehr gewarnt.

Vorkommen: Besonders unter Birken, aber auch unter Nadelgehölzen und in Mischwäldern, häufig. Juli bis November.

Achtung! Im Spätherbst tritt der Fliegenpilz manchmal ohne weiße Hüllreste auf, die entweder vom Regen abgewaschen wurden oder aber bisweilen von Anfang an nicht vorhanden waren. In dieser Form – in der Mitte rot, zum Rande hin gelblich verblassend – wird er manchmal mit roten, milden Täublingen verwechselt. Deshalb Knolle und Ring sowie die gelbe bis orange Farbe unter der Oberhaut beachten! Es gibt auch stark gelbe Formen des Fliegenpilzes (var. *formósa* Gonn. et Rabenhorst), sowie braune (var. *umbrína* Fr. u. var. *regális* Fr.), die sonst alle Merkmale des Fliegenpilzes tragen. Von Moser werden die beiden braunen Varietäten als eine Art angesehen: *A. regális* (Fr.) R. Mre.

Die Vergiftungserscheinungen treten etwa eine halbe Stunde nach Genuß des Pilzes auf, manchmal auch viel später! Krankheitsbild: Rauschzustände, Erregung, Tobsuchtsanfälle, Übelkeit (nicht immer). Nach Überreizung des Gehirns tritt totale Erschöpfung mit tiefem Schlaf ein.

Fliegenpilz

Perlpilz

Amanita rubéscens (Pers. ex Fr.) S. F. Gray

Allgemeine Kennzeichen: Sehr verschiedengestaltiger, blasser bis kräftig fleischrötlicher Pilz mit bräunlichen bis blassen Warzen und stark geriefter Manschette.

Hut: Anfangs halbkugelig, später aufschirmend, gewölbt bis flach, 5 bis 15 cm breit. Bei magerem Standort (dürrer Kiefernwald) Pilz klein und blaß graurötlich. Auf nährstoffreichem Boden sehr groß und kräftig, fleischrötlich bis dunkel rötlichbraun mit unregelmäßigen, abwischbaren Hüllresten, die bei Trockenheit fest angeklebt sind. Hutrand nicht gerieft.

Blätter: Weiß, später rötlichbräunlich, fleckig.

Stiel: 5 bis 15 cm hoch. Je nach Bodenbeschaffenheit schmächtig bis kräftig, blaß bis fleischrötlich, faserig schuppig, allmählich in eine dicke, unten oft spitz zulaufende Knolle übergehend. Am Übergang zur Knolle maserig schuppig, oft auch glatt. Oben von der Stielspitze herabhängende, anfangs schön geschwungen abstehende Manschette, stets deutlich gerieft (Plissée-Röckchen). Bei schmächtigen Exemplaren Manschette oft am Stiel angeklebt, Riefung aber noch erkennbar.

Fleisch: Weiß, an der Luft graurötlich verfärbend, in der Stielbasis, in den Madenfraßgängen und unter der Hutoberhaut kräftig bräunlichrötlich bis schwach graurötlich.

Geruch: Schwach.

Geschmack: Mild, später herb.

Wert: Sehr guter Speisepilz, nicht roh essen!

Vorkommen: In allen Wäldern, häufig. Juni bis Oktober.

Achtung! Seine blasse, schmächtige Form kann leicht mit dem Pantherpilz verwechselt werden! Fleisch beim Pantherpilz unter der Hutoberhaut niemals rötlich, sondern weiß bis grauweiß. Ring des Pantherpilzes nicht gerieft, sondern glatt! Hutrand des Pantherpilzes niemals glatt, sondern stets gerieft! (Siehe Skizze S. 19.)

Wer den Perlpilz nicht genau kennt, soll ihn stehen lassen!

Perlpilz

Gedrungener Wulstling · eßbar

Amanita spissa (Fr.) Kummer

Allgemeine Kennzeichen: Kräftiger mittelgroßer grauer Pilz mit grauweißen Hüllresten auf dem Hut und ungerieftem Rand. Bis auf die Farbe in allen Erkennungsmerkmalen dem Perlpilz gleich. Das Fleisch ist weiß, niemals rötlich, unter der Hutoberhaut zur Mitte grau.
Wert: Eßbar.
Vorkommen: In allen Wäldern, im Flachland selten, im Gebirge häufig. Juni bis Oktober.
Achtung! Verwechslungsmöglichkeit mit dem Pantherpilz sehr groß! Vergleiche Gegenüberstellung Perlpilz–Pantherpilz S. 19.

Pantherpilz · sehr giftig

Amanita pantherina (DC ex Fr.) Secr.

Allgemeine Kennzeichen: Mittelgroßer schlanker, bräunlicher bis gelblich-bräunlicher Pilz. Hut mit weißen, oft konzentrisch angeordneten Hüllresten und gerieftem Rand.
Hut: Anfangs halbkugelig, dann aufschirmend, 5 bis 10 cm breit, bräunlich-grau bis gelbbräunlich, im mageren Kiefernwald häufig völlig grau, die stets weißen Hüllflocken sind oft konzentrisch angeordnet. Hutrand stets deutlich gerieft.
Blätter: Weiß, weich, dicht.
Stiel: Meist schlank, faserig-flockig, weiß, im Alter hohl, mit »unordentlicher«, ungeriefter Manschette, steckt wie eingepfropft in der kugeligen bis fast zylindrischen Knolle. Über dem wie nach innen umgekrempelten Knollenrand häufig noch mehrere übereinander angeordnete häutige Gürtel angedeutet.
Fleisch: Weiß, selten unter der Huthaut zart grau.
Geruch: Rettichartig.
Geschmack: Süßlich, nußartig, angenehm.
Wert: Sehr giftig, hat Todesfälle verursacht. Vergiftungserscheinungen wie beim Fliegenpilz.
Vorkommen: In Nadel- und Laubwäldern, mancherorts selten, in sandigen Kiefernwäldern häufig, in manchen Jahren massenhaft. Juli bis Oktober.
Achtung! Verwechslungsmöglichkeit besteht mit dem Perlpilz und dem Gedrungenen Wulstling. Merkwürdigerweise wird er manchmal auch mit dem Parasolpilz verwechselt. (Siehe Skizze S. 19.)

Gedrungener Wulstling
(links)

Pantherpilz
(rechts)

Wiesenchampignon, Feldegerling   Speisepilz, Marktpilz

Agáricus campéster (L.) ex Fr. (syn. *Psallióta campéstris* L.)

Hut: Anfangs kugelig, weiß, seidig, feinschuppig faserig, nach dem Aufschirmen gewölbt, im Alter flach, bräunlich, Huthaut über dem Rand hängend, dick, abziehbar.
Blätter: Anfangs rosa bis fleischrot, später dunkel schokoladenbraun bis fast schwarz, breit, dicht stehend, frei.
Stiel: Recht kurz (3 bis 8 cm), gleich dick, seidig weiß. In der Jugend voll, später ausgestopft, trägt einen einfachen, leicht vergänglichen Ring.
Fleisch: Weiß bis leicht rosa, zart.
Geruch: Schwach würzig, nicht nach Anis.
Geschmack: Nußartig.
Wert: Ausgezeichneter, bekannter und beliebter Speisepilz.
Vorkommen: Auf Pferdekoppeln und Wiesen. Von Mai bis Frosteintritt.

Schafchampignon, Anisegerling   Speisepilz, Marktpilz

Agáricus arvénsis Schaeff. ex Fr. (syn. *Psallióta arvénsis* (Schaeff. ex Fr.) Kummer)

Hut: In der Jugend kugelig geschlossen, in einem bestimmten Stadium fast vierkantig, seitlich abgeplattet. Beim Heranwachsen aufschirmend, ausgebreitet. Weiß, an Druckstellen gilbend. In der Jugend feinfilzig, später glatt, seidig glänzend. Hutrand bisweilen mit Hautresten des Ringes behaftet.
Blätter: Schmal, gedrängt, frei. In der Jugend blaß graurosa, später rötlichbraun, im Alter dunkel schokoladenbraun.
Stiel: Schlank, gleichmäßig dick, seidig, weiß mit gelben Flecken, an der Basis abgesetzt knollig verdickt. Knolle bei Verletzung gilbend. Der Stiel mit dickem, doppelschichtigem Ring, der oft zahnradähnlich gezackt erscheint. 5 bis 10 cm hoch.
Geruch: Deutlich nach Anis.
Wert: Vorzüglicher Speisepilz, Marktpilz.
Vorkommen: Auf Weiden und Wiesen, an Waldrändern, in Gärten und Parkanlagen. Mai bis Oktober.
Achtung: Beide genannten Arten können in der Jugend mit jungen weißen Exemplaren des Grünen Knollenblätterpilzes verwechselt werden, wenn sie auf Weideflächen an Waldrändern mit Eichen und anderen Laubgehölzen wachsen. Verwechslungsmöglichkeit auch mit dem Weißen Giftegerling (*Agáricus xanthodérmus* Genvier), dessen knollige Verdickung am Stielende bei Verletzung jedoch stark chromgelb wird und nach Tinte bzw. Karbol riecht (siehe Abbildung).

Wiesenchampignon
(links oben)

Schafchampignon
(Mitte und links unten)

Weißer Giftegerling
(rechts unten)

Perlhuhnchampignon,
Feinschuppiger Giftegerling

giftig

Agáricus placomyces var. *meleágris* J. Schaeffer

Allgemeine Kennzeichen: Diese dem weißen Giftchampignon ähnliche Art ist ein mittelgroßer bis kleinerer Pilz mit grauer, feinschuppiger, an das Gefieder des Perlhuhnes erinnernder Hutoberhaut und ebenfalls besonders stark in der Knolle gilbendem Fleisch. Der Karbolgeruch ist nicht so stark ausgeprägt wie beim weißen Giftchampignon.
Vorkommen: Parkanlagen, Gebüsch.

Echter Waldchampignon,
Kleiner Blutegerling

eßbar

Agáricus silváticus Schaeff. ex Secr.

Allgemeine Kennzeichen: Kleiner bis höchstens mittelgroßer Pilz auf schlankem Stiel mit bräunlichem, schuppigem Hut.
Hut: Auf hellerem Grunde mit dunkleren, feinen, eingewachsenen Fasern besetzt, flach gewölbt, dünnfleischig, 4 bis 8 cm breit.
Blätter: Blaß graurötlich, später schokoladenbraun.
Stiel: 5 bis 8 cm hoch, schlank, weißlich, am Grunde knollig verdickt. Der Ring ist anfangs weiß, später rauchbräunlich, abstehend.
Fleisch: Weißlich, bei Verletzung karminrot anlaufend, riecht schwach.
Wert: Ein nicht sehr ergiebiger, aber guter Speisepilz. Marktpilz.
Vorkommen: In Fichtenwäldern, gerne auf Kalk. Juli bis Oktober.
Anmerkung. Die Gattung »Champignon« umfaßt recht viele Arten, von denen etwa 20 in Mitteleuropa zu finden sind. Die Unterscheidung der einzelnen Arten ist oft schwierig. Man kann sie jedoch nach Julius Schaeffer in vier Hauptgruppen teilen: 1. Arten, die nach Anis duften und an Druckstellen gelb werden (z. B. Schafchampignon); 2. Arten, die nach Karbol riechen und an Druckstellen sowie im Fleisch besonders in der Stielbasis chromgelb werden (Giftegerling); 3. Arten, die schwach rötlich im Fleisch anlaufen, angenehm frisch riechen und gerne auf gut gedüngtem Boden wachsen (z. B. Wiesenchampignon); 4. Arten, die im Fleisch blutrot anlaufen, zu denen die Waldchampignons gehören.

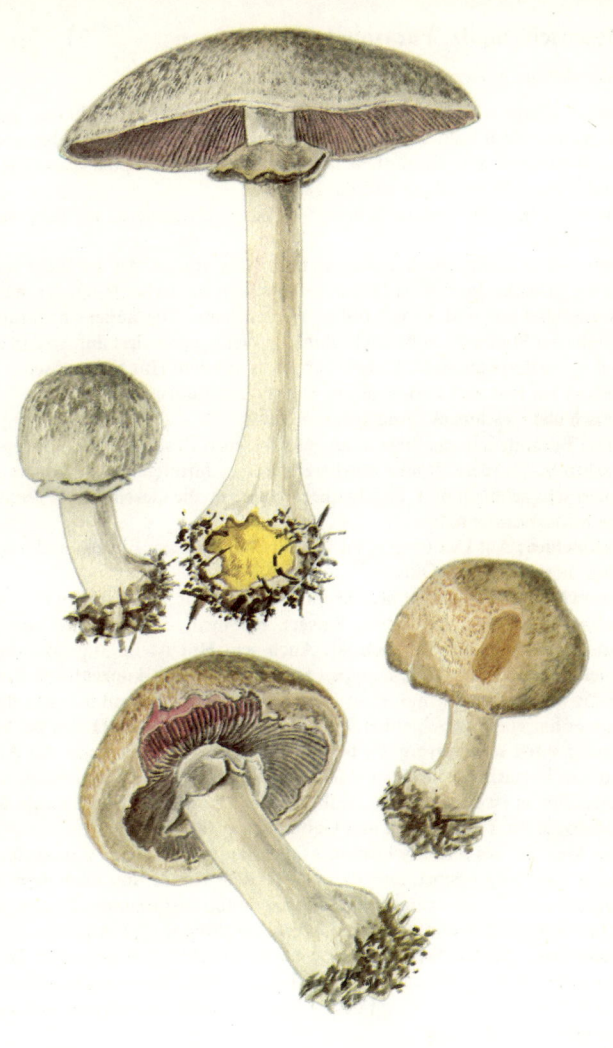

Feinschuppiger Giftegerling, Perlhuhnchampignon

(oben)

Echter Waldchampignon

(unten)

Riesenschirmpilz, Parasolpilz — Speisepilz, Marktpilz

Mácrolepióta prócera (Scop. ex Fr.) Sing.

Hut: Anfangs eiförmig geschlossen (»Paukenschlägel«), nußbraun, glatt, die Hutoberhaut bald schuppig-sparrig aufreißend, auch bereits bevor der Hut aufschirmt. Die Hutmitte behält einen braunen stumpfen Buckel. Hutdurchmesser 10 bis 30 cm und darüber.

Blätter: Sehr breit, weich, bauchig, gedrängt, crèmeweiß, am Stiel nicht angewachsen.

Stiel: Sehr schlank, bis 40 cm hoch, hohl, aber kräftig. An der Basis stark knollig verdickt. Im oberen Drittel befindet sich ein derber Ring, der mühelos am Stiel auf und ab geschoben werden kann. Die äußere hellbraune Schicht der Stielrinde reißt ungleichmäßig zackig gebändert auf, so daß der Stiel »genattert« aussieht. Er läßt sich leicht aus dem Hut herauslösen.

Fleisch: Im Hut zart und weiß, im Stiel holzig, faserig.

Geruch und Geschmack: Angenehm nußartig.

Wert: Besonders in der Jugend im geschlossenen Zustand guter Speisepilz. Marktpilz. Größere Stücke des bereits aufgeschirmten Hutes paniert gebraten sehr schmackhaft. Es gibt aber Menschen, die diesem Pilz gegenüber eine Idiosynkrasie haben.

Vorkommen: Auf Lichtungen, an Wegrändern, Wiesen. Einzeln und truppweise, häufig. Juli bis Oktober.

Verwechslungsmöglichkeit besteht mit dem eßbaren Safranschirmpilz (*Mácrolepióta rhacódes* (Vittadini) Singer), der nicht so groß wird wie der Parasolpilz, ihm aber ähnlich ist. Auch sein Hut ist im Jugendstadium kugelig geschlossen. Die Schuppen auf dem Hut sind konzentrisch kreisförmig angeordnet. Sein Stiel ist glatt, seidig glänzend, weiß bis bräunlich, auch er hat einen verschiebbaren Ring. Blätter und Fleisch laufen bei Verletzung stark safranfarbig an, besonders stark in der Stielbasis. Im Alter tritt die Verfärbung nicht so stark hervor. Geruch und Geschmack sind angenehm, er ist ein guter Speisepilz, der von Juli bis Oktober in Laub- und Nadelwäldern, Parkanlagen und Gebüschen vorkommt.

Eine Varietät des Safranschirmpilzes, die hauptsächlich auf Komposterde häufig büschelig wächst, eine dicke, gerandete Knolle und nach dem Anbrechen schnell von orange zu schmutzig braun verfärbendes Fleisch hat, ist für viele nicht bekömmlich und hat zu Vergiftungen geführt.

Anmerkung: Zu den Schirmpilzen gehören sowohl außerordentlich große (Parasolpilz) als auch sehr zarte und kleine Arten. Keineswegs sind sämtliche Schirmpilze eßbar. Es gibt unter ihnen schlecht schmeckende und auch sehr giftige Arten.

Riesenschirmpilz, Parasolpilz
(links)
(beide ¹/₂ nat. Größe)

Safranschirmpilz
(rechts)

Schopftintling, Spargelpilz   jung Speisepilz, Marktpilz

Cóprinus comátus (Müller in Fl. Dan. ex Fr.) S. F. Gray

Allgemeine Kennzeichen: Ein weißer, walzenförmiger Pilz, der sich im Alter vom Hutrand aufwärts in eine tintenähnliche Flüssigkeit auflöst.
Hut: Weiß, vom Rande her erst rosa, später violett und schließlich schwärzlich werdend. Anfangs zart, fast seidig, dann auf der Oberhaut fransig zottig aufreißend, auf dem Scheitel eine nußbraune Kuppe behaltend. Im Alter glockig aufschirmend, wobei der Hut vom Rand her radial aufreißt und sich der Rand nach außen aufrollt.
Blätter: Dünn, engstehend, anfangs weiß, später über rosa schwarz verfärbend und vollkommen in eine tintenähnliche Masse zerfließend.
Stiel: Weiß, zartfaserig, röhrig; wenn man ihn mit den Fingern seitlich zusammendrückt, platzt er in langen Strähnen auf. Er trägt im unteren Teil einen verschiebbaren Ring.
Fleisch: Weiß, zart, weich.
Geruch und **Geschmack:** Angenehm.
Wert: Solange noch weiß, köstlicher Speisepilz, der bald nach dem Einsammeln zubereitet werden muß, da er schnell schwarz wird und zerfließt.
Vorkommen: Auf Schuttplätzen, besonders solchen mit Straßenlaubbeimengungen, gedüngtem Rasen und in Gärten, oft truppweise, häufig. Frühjahr bis Spätherbst. Neuerdings wird er auch angebaut.

Grauer Faltentintling   jung eßbar

Cóprinus atramentárius (Bull. ex Fr.) Fr.

Allgemeine Kennzeichen: Aschgrauer Pilz mit bräunlicher Kuppe. Büschelig wachsend.
Hut: Aschgrau, am Scheitel mit feinen bräunlichen, abwischbaren Schüppchen besetzt. Glockig aufschirmend, aufreißend. Rand fransig, sich hochbiegend, dünnfleischig.
Blätter: Erst grauweiß, bald dunkler werdend und sich später zusammen mit dem Hutfleisch in eine braunschwarze Masse auflösend.
Stiel: Schlank, weiß, im Alter hohl, ohne Ring, jedoch an der Stelle, wo in geschlossenem Zustand der Hutrand den Stiel berührt, mit einem knotigen Wulst versehen, der sich im Alter verwächst.
Fleisch: Weiß, weich, dünn.
Geruch: Schwach. **Geschmack:** Mild.
Wert: Ein im Jugendstadium brauchbarer Speisepilz. Doch darf während und bis zu drei Tagen nach der Mahlzeit kein Alkohol getrunken werden. Der Pilz enthält Coprin, einen Stoff, der in Verbindung mit Alkohol zu sehr unangenehmen Vergiftungserscheinungen führt. Es kommt zu heftigem Blutandrang zum Kopf, Hitzegefühl, Herzklopfen und Sprechbeschwerden.
Vorkommen: Auf fettem Boden und auf Schuttplätzen. In Gärten und auf Feldern, oft auch an Straßenrändern. Frühjahr bis Spätherbst.

Schopftintling, Spargelpilz
(links und oben)

Grauer Faltentintling
(rechts unten)

Heringstäubling eßbar

Rússula xerampelína (Schaeff. ex Secr.) Fr.

Hut: Sehr veränderlich in der Farbe, dunkelrot mit fast schwarzer Mitte, bräunlich, rotbräunlich, grünlich. Bis 12 cm breit.
Blätter: Blaßgelblich bis ockergelb, an Druckstellen bräunend.
Stiel: 5–7 cm hoch, weißlich, karminrot oder bräunlich überhaucht.
Fleisch: Weißlich, an Bruch- und Druckstellen bräunend.
Geruch: Ausgesprochen nach Salzheringen oder Heringslake, besonders in der Stielbasis.
Geschmack: Mild.
Wert: Guter Speisepilz.
Vorkommen: August bis Oktober. Laub- und Nadelwälder, in letzteren die dunkelrote Form.
Verwechslungsmöglichkeit mit anderen Täublingen, besonders mit dem sehr scharf schmeckenden Tränen-Täubling *(Rússula sardónia)* (siehe Abbildung S. 42).

Zerbrechlicher Täubling ungenießbar

Rússula frágilis Pers.

Hut recht klein, zart, 3 bis 6 cm breit. Hellrot (in Sphagnum-Moos vorkommende Form), häufiger blaßviolett, rosa, grünlich, im Alter stark ausblassend.
Blätter: Rein weiß, mit gekerbter Schneide.
Fleisch: Rein weiß.
Geschmack: Brennend scharf.
Wert: Ungenießbar, vielleicht auch giftig.
Vorkommen: In allen Wäldern an feuchten Stellen häufig. Juli bis Oktober. Dieser Pilz ist in allen Teilen sehr zerbrechlich.
Anmerkung: Die Gattung Täublinge enthält eine sehr große Anzahl von Arten (in Mitteleuropa über 80). So verschieden sie in ihren Farben sein mögen (abgesehen von leuchtenden Blautönen sind alle Farben vertreten), ist allen Arten die bröckelige Beschaffenheit des Hut- und Stielfleisches sowie die spröd-splitterige Beschaffenheit der Lamellen gemein. Lediglich der Frauentäubling (siehe Abbildung S. 28) hat weiche Lamellen. Unter den Täublingen gibt es viele wohlschmeckende Arten, aber auch ungenießbare und leicht giftige. Wer die Täublinge als solche **wirklich einwandfrei** erkennt, kann sich nach der Regel richten: mildschmeckende Täublinge sind eßbar, scharf- oder bitterschmeckende ungenießbar.

Heringstäubling **Zerbrechlicher Täubling**
(oben) *(unten)*

Grüner Birkentäubling   eßbar

Rússula aerugínea Lindblad

Hut: Anfangs kugelig geschlossen, später ausgebreitet, oft wellig verbogen, in der Mitte vertieft. Grün, graugrün bis fast weiß-blaßgrün. 5 bis 12 cm breit, Hutrand gerieft. Oberhaut vom Rande her zur Mitte zur Hälfte abziehbar.
Blätter: Beim jungen Pilz weiß, später hellgelb, im Alter buttergelb. Splitternd, brüchig.
Stiel: Weiß, voll, sich an der Basis glatt verjüngend, stets ohne Knolle.
Fleisch: Weiß, brüchig, bröckelig.
Geschmack: Mild, in den Blättern etwas scharf.
Wert: Guter Speisepilz.
Vorkommen: Hauptsächlich unter Birken, aber auch im Nadelwald, häufig. Juli bis Oktober.
Achtung! Nicht mit dem Grünen Knollenblätterpilz verwechseln!

Grünfeldriger Täubling   eßbar

Rússula viréscens (Schaeff. ex Zanted) Fr.

Ein in allen Teilen dem vorigen sehr ähnlicher Pilz, dessen oliv- bis gelbgrüne Hutoberhaut feldrig aufreißt. Der Grünfeldrige Täubling ist im ganzen derber als der Grüne Birkentäubling. Er kommt von Juli bis September in Laubwäldern vor.

Frauentäubling,
Violettgrüner Täubling   Speisepilz, Marktpilz

Rússula cyanoxántha Schaeff. ex Fr.

Hut: In der Jugend kugelig, später gewölbt bis ausgebreitet, oft verbogen. Anfangs bisweilen dunkelgrau, später violettgrün, manchmal auch ganz dunkelgrün oder violett, im Alter oft verblassend. Vom Rand zur Mitte hin adrig gefurcht, feucht = schmierig.
Blätter: Weiß, weich, nicht splitternd, zusammenklebend.
Stiel: Weiß, kräftig, bis 10 cm hoch, gleichmäßig dick.
Fleisch: Fest, weich, ohne Geruch, mit mildem, angenehmem Geschmack.
Wert: Vorzüglicher Speisepilz.
Vorkommen: Vorwiegend in Laubwäldern, besonders unter Buchen, verbreitet. Juli bis Oktober.

Grüner Birkentäubling	Grünfeldriger Täubling	Violettgrüner Täubling, Frauentäubling
(oben)	*(Mitte)*	*(unten)*

Speisetäubling

Rússula vésca Fr.

Hut: Anfangs kugelig, später gewölbt bis ausgebreitet, dickfleischig. 6 bis 12 cm breit. Im frühesten Jugendstadium weiß, dann fleischrötlich, bräunlich, manchmal graufleckig. Im Alter wieder fast weiß verblassend. Die nur teilweise abziehbare Huthaut reicht nicht ganz bis zum Hutrand, so daß dieser 1 bis 2 mm nackt bleibt.
Blätter: Weiß, schmal, dicht. Im Alter rotbraun fleckig.
Stiel: Weiß, nach unten zugespitzt.
Fleisch: Weiß, fest, fast ohne Geruch.
Geschmack: Angenehm nach Haselnuß.
Vorkommen: In Laub- und Nadelwäldern, Parkanlagen, häufig. Juni bis Oktober.
Verwechslungsmöglichkeit: Mit anderen rötlichen, z. T. sehr scharfen Arten, Geschmacksprobe!

Kirschroter Speitäubling

schwach giftig

Rússula emética Fr.

Hut: Leuchtend hellrot, kirschrot bis blutrot, dünnfleischig, im Alter verblassend, etwa 4 bis 9 cm breit.
Blätter: Weiß, nicht so spröde wie bei anderen Täublingen.
Stiel: Rein weiß, später mürb, sehr zerbrechlich.
Geschmack: Sehr scharf brennend.
Geruch: Angenehm obstartig.
Wert: Gilt als giftig, jedoch nach Michael/Hennig in gekochtem Zustand eßbar.
Vorkommen: In Laub- und Nadelwäldern, besonders an feuchten Stellen. Juli bis Oktober.

Tränentäubling,
Zitronenblättriger Violett-Täubling

giftig

Rússula sardónia Fr. em. Rom.

Hut: Dunkelpurpur bis blaurot, manchmal grünfleckig, 6 bis 9 cm breit.
Blätter: Anfangs weißgelblich, zitronengelblich, später ockergelblich. Wassertropfen absondernd.
Stiel: Stark rot bis rotviolett (»Säufernase«), stellenweise weißlichgelblich bereift.
Fleisch: Gelblich, sehr fest, hart, angenehm obstartig riechend, brennend scharf.
Wert: Giftig.

Speisetäubling

(oben)

**Kirschroter
Speitäubling**

(unten links)

**Zitronenblättriger
Violett-Täubling**

(unten rechts)

Orangeroter Graustieltäubling Speisepilz, Marktpilz

Rússula decólorans Fr.

Allgemeine Kennzeichen: Ein farbenprächtiger stattlicher Pilz.
Hut: In der Jugend abgeflacht kugelig wie ein umgekehrtes Töpfchen. Später ausgebreitet und in der Mitte etwas vertieft, bis 14 cm breit. Orangerot, aber nicht eintönig, etwas ungleichmäßig heller und dunkler.
Blätter: Anfangs blaßgelblich, später buttergelb, im Alter etwas grauend, an der Schneide schwärzend.
Stiel: Kräftig, recht hoch, 10 cm und darüber. Anfangs weiß, im Alter grauend, innen markig, läßt sich leicht eindrücken.
Fleisch: Anfangs weiß, später grauend bis schwärzend.
Geschmack: Mild.
Wert: Sehr guter Speisepilz. Alle eßbaren Täublinge haben in gedünstetem Zustand die Eigenschaft, abgesehen von einer nur geringen schleimigen Schicht, die sich im zubereiteten Gericht verliert, schön fest zu bleiben, ohne dabei hart zu werden. Diese angenehme Eigenschaft besitzen die noch so wohlschmeckenden Röhrlinge und die meisten anderen eßbaren Pilze nicht. Ganz hervorragend schmecken die eßbaren Täublinge, wenn man sie nur in leicht gesalzenem Wasser kocht, dann herausnimmt und ein wenig unzerlassene Butter darüber gibt.
Vorkommen: In moosigen Nadelwäldern, Juli bis Oktober.

Apfeltäubling Speisepilz, Marktpilz

Rússula paludósa Britz.

Hut: Nach dem kugeligen Jugendstadium flach ausgebreitet, in der Mitte etwas vertieft, sehr groß, bis 15 cm breit, glatt, glänzend, leuchtend dunkelrot, seltener orangerot.
Blätter: Blaßgelblich bis buttergelb.
Stiel: Hoch bis sehr hoch, 10 bis 20 cm, kräftig. Oft mit rötlichem Schimmer.
Fleisch: Weiß.
Geruch: Unauffällig.
Geschmack: Mild.
Wert: Sehr guter Speisepilz.
Vorkommen: Besonders in Nadelwäldern im Norden, Charakterpilz in Kiefernwäldern des nördlichen Mitteleuropas.
Verwechslungsmöglichkeit: Es gibt zahlreiche scharf- und mildschmeckende rote Täublinge, mit denen der Apfeltäubling verwechselt werden kann. Alle milden Täublinge sind eßbar, und eine Verwechslung mit anderen Arten ist deshalb ungefährlich. Besonders zu warnen ist vor Fliegenpilzen, deren weiße Hautpunkte auf dem Hut vom Regen abgewaschen sind!

Orangeroter Graustieltäubling

(oben)

Apfeltäubling

(unten)

Ziegelroter Rißpilz, Ziegelroter Faserkopf, Mairißpilz

 **schwach** giftig

Inócybe patouillárdi Bres.

Hut: Im Jugendstadium blaß elfenbeingelblich. Anfangs glockig geschlossen, dann glockig offen, aufschirmend, vom Rande her radial aufreißend. In der Mitte kegelig gebuckelt. Aufgeschirmt schwingt der Hut zum hochgebogenen Rand aus.
Blätter: Erst weiß, dann graulich bis bräunlich, mit weißer, flockiger Schneide, anfangs angeheftet, später frei.
Stiel: Zuerst weißlich, seidig faserig, später bräunlich, an Druckstellen und im Alter ziegelrot werdend.
Fleisch: Anfangs weiß, rötet sich im Schnitt im ganzen Pilz, fest.
Geruch: Süßlich spirituös.
Geschmack: Anfangs mild, dann widerlich.
Wert: Sehr giftig. Der Muscaringehalt soll nach neuesten Untersuchungen 200mal so groß sein wie beim Fliegenpilz (nicht 20fach, wie bisher angenommen). Vergiftungserscheinungen: Heftiger Schweißausbruch und sehr starker Speichelfluß, Leibkrämpfe, Erblindung. Als Gegengift wird mit bestem Erfolg Pflanzenatropin verabfolgt. Arzt sofort holen!
Vorkommen: Auf Kalkboden in Parkanlagen, in Gebüschen, auf Rasenplätzen. Mai bis Juni, aber auch später.
Achtung! Er kann im Jugendstadium sowohl mit dem Mairitterling als auch mit anderen jungen eßbaren Pilzen verwechselt werden, z. B. mit Champignonarten und jungen Reifpilzen.

Maipilz, Mairitterling

Speisepilz, Marktpilz

Calócybe gambósa (Fr.) Donk (syn. *Tricholóma geórgii* (Clus. ex Fr.) Quel.)

Allgemeine Kennzeichen: Elfenbeinweißer, mittelgroßer, dickfleischiger Pilz.
Hut: Crème- bis elfenbeinweiß, anfangs gewölbt mit eingerolltem Rand, dann abgeflacht, wellig verbogen, dick, trocken, glanzlos, bis 15 cm breit.
Blätter: Crèmeweißlich, gedrängt stehend, dünn, stark ausgebuchtet, zerbrechlich.
Stiel: Crèmeweiß, niedrig, 4 bis 7 cm hoch, gedrungen, faserig. Häufig nach unten zu verdickt, doch kann sich der Stiel auch verjüngen, wie auf der Abbildung.
Fleisch: Blaßgelblich oder weiß, weich, nach Mehl oder Gurke riechend, mit mildem Geschmack.
Wert: Ein ergiebiger, geschätzter Pilz. Marktpilz.
Vorkommen: An grasigen Stellen im Walde, auch auf Wiesen, wächst in großen Halbkreisen und Hexenringen. Häufig, fehlt aber mancherorts. Ende April bis Juni.
Achtung! Der Maipilz kann im Jugendstadium mit dem sehr giftigen Ziegelroten Rißpilz verwechselt werden.

**Ziegelroter Rißpilz,
Ziegelroter Faserkopf**

Maipilz, Mairitterling

(oben)

(unten)

Schneepilz,
Rußiggestreifter Ritterling Speisepilz, Marktpilz

Tricholóma portentósum (Fr.) Quél.

Allgemeine Kennzeichen: Mittelgroßer, niedriger Pilz, grauschwarz radial-faserig gezeichnet.

Hut: Dunkelgrau, gelblichgrau bis dunkelrötlichgrau mit rußig-schwarzen, radial verlaufenden, etwas erhabenen Streifen. Im Jugendstadium halbkugelig mit eingebogenem Rand, nach Aufschirmen meist gebuckelt.
Hutoberhaut abziehbar, zieht am Rande das Hutfleisch häufig mit. In der Mitte unter der Oberhaut dunkel durchgefärbt.

Blätter: Fast immer zart gelblichgrünlich, wäßrig.

Stiel: Weißlichgrau mit grünlichem Schimmer; seidig, faserig, beim Durchbrechen hobelspanähnlich aufrollend, 5 bis 8 cm hoch.

Fleisch: Zart, weißlich, oft wäßrig, zur Hutmitte grau bis dunkel werdend.

Geruch: Mehlartig. **Geschmack:** Mehlartig.

Wert: Guter Speisepilz. Marktpilz.

Vorkommen: In sandigen Kiefernwäldern, September bis Dezember.

Achtung! Mit dem giftigen Tigerritterling (*Tricholóma pardínum* Quél., syn. *T. tigrínum* Schaeff.) und anderen ungenießbaren Ritterlingen verwechselbar.

Mäusegrauer Erdritterling eßbar

Tricholóma térreum (Schaeff. ex Fr.) Kummer

Allgemeine Kennzeichen: Meist recht kleiner, hell- bis dunkelgrauer, feinfilziger Pilz.

Hut: Glockig, später ausgebreitet mit spitzem Buckel, 4 bis 8 cm breit. Bräunlichgrau bis mausgrau, feinfilzig bis feinschuppig.

Blätter: Weißlich, später grau, unregelmäßig gekerbt, ziemlich eng.

Stiel: Weißlich bis graulich, faserig, 3 bis 6 cm hoch, schlank, im Alter hohl.

Fleisch: Weißgrau, im Hut dunkler.

Geruch: Erdig.

Geschmack: Mild.

Wert: Eßbar, brauchbarer Speisepilz.

Vorkommen: Oft an Wegrändern, Gebüschen und in Nadelwäldern. August bis November.

Verwechslungsmöglichkeit: Er ist dem Rußiggestreiften Ritterling ähnlich.

Schneepilz, Rußiggestreifter Ritterling
(oben)

Mäusegrauer Erdritterling
(unten)

Grünling, Echter Ritterling   Speisepilz, Marktpilz

Tricholóma flavovírens (Pers. ex Fr.) Lundell (syn. *Tr. equéstre* (L. ex Fr.) Quél.)

Allgemeine Kennzeichen: Niedriger, gelbgrüner, in der Mitte oft bräunlicher Pilz.

Hut: Grünlichgelb, in der Mitte, falls nicht im tiefen Moos wachsend, stark braun, nach dem Rande ins Grüngelb übergehend. Als Jungpilz unter dem Sande und im Moos kugelig, später aufschirmend, während des Wachstums Sand und Waldboden mit hochhebend. Rand im Alter wellig hochgebogen. Hutoberhaut abziehbar, nimmt am Rande Hutfleisch mit.

Blätter: Dick, grüngelb, ausgebuchtet, recht gedrängt stehend.

Stiel: Im Moos länger, bis zu 10 cm, sonst kurz, 3 bis 5 oder 7 cm hoch, gelbgrün, seidig, faserig, voll, an der Basis bisweilen scharf knollig abgesetzt, aber auch glatt auslaufend.

Fleisch: Gelblichweiß, unter der Huthaut grüngelb, kernig.

Geruch: Nach Mehl oder nach Gurken, frisch.

Geschmack: Nach Mehl, angenehm.

Wert: Hervorragender Speisepilz. Marktpilz.

Vorkommen: Im sandigen Kiefernwald, oft massenhaft, leider häufig madig. September bis November.

Achtung! Wird bisweilen mit dem tödlich giftigen Grünen Knollenblätterpilz verwechselt, der genau dieselbe Hutfarbe haben kann, aber weiße, weiche Lamellen besitzt, einen weißen, grünlich gemaserten Stiel, eine Manschette und eine Knolle mit lappiger Scheide. Deswegen Pilz stets mit der Stielbasis herausheben! Auch verwechselbar mit dem ungenießbaren Gelbbräunlichen Ritterling *(Tr. sejúnctum* (Sow. ex Fr.) Quell) oder Schwefelritterling.

Schwefelritterling   giftig

Tricholóma sulphúreum (Bull. ex Fr.) Kummer

Allgemeine Kennzeichen: Schwefelgelber, mittelgroßer, eher kleiner Pilz mit schlankem Stiel, wirkt graziler als der vorige.

Hut: Schwefelgelb, fein rotbraun geschuppt, manchmal auch kahl, dünnfleischig, 3 bis 8 cm breit.

Stiel: Schwefelgelb, mit rotbraunen feinen Fasern und Schüppchen, schlank.

Fleisch: Stark schwefelgelb.

Geruch: Widerlich süßlich, gasähnlich.

Geschmack: Widerlich.

Wert: Nach neuesten Erfahrungen giftig.

Vorkommen: In Laub- und Mischwäldern, vereinzelt, aber nicht selten.

Achtung! Er kann mit dem Grünling verwechselt werden. Geruch und Farbe des Fleisches sind jedoch sehr deutlich zu erkennen.

Grünling, Echter Ritterling

(links)

Schwefelritterling

(rechts)

Violetter Rötelritterling

Lepísta núda (Bull. ex Fr.) Cooke (syn. *Tricholóma núdum* (Bull. ex Fr.) Kummer)

Allgemeine Kennzeichen: Mittelgroßer, niedriger, in der Jugend leuchtend violetter Pilz.

Hut: Anfangs leuchtend violett, dann bräunlich-schmutzig, dem alten Laub, in dem er steht, angepaßt. Dickfleischig, anfangs gewölbt, später flacher, kahl, 8 bis 15 cm breit. Hutrand anfangs eingerollt.

Blätter: Länger als der Hut leuchtend lila bleibend, im Alter aber blasser bis bräunlichviolett.

Stiel: Anfangs violett wie der ganze Pilz, später verblassend. Knorpelig berindet, nach unten keulig verdickt. An der Stielbasis mit grauviolettem Myzelgewebe besponnen. 5 bis 9 cm hoch.

Fleisch: Anfangs schön violett, verblassend, zart.

Geruch: Aromatisch, ähnlich, nicht ganz so stark wie die Graukappe, etwas parfümiert.

Geschmack: Süß-säuerlich.

Wert: Guter, ergiebiger Speisepilz (Mischpilz). Marktpilz.

Vorkommen: Steht gerne in altem Laub, auf Kompost, Nadelhumus, auch auf Wiesen und Weiden, in frostfreiem Winter bis in den Januar.

Verwechslungsmöglichkeit: Leicht mit anderen eßbaren Rötelritterlingen möglich. Auch dem schwach giftigen Lila Dickfuß (*Cortinárius tráganus* Fr.) ist er ähnlich. Dieser hat aber keine rein violetten Blätter, sein Fleisch ist braungelb, höchstens an der Stielbasis etwas lila. Er gehört zu den Schleierlingen und trägt daher am oberen Drittel des Stieles die feinen, meist bräunlichen Reste des Schleiers in Form eines zarten Gürtels, der Cortina.

Violetter Rötelritterling

Feinschuppiger Ritterling ungenießbar

Tricholóma imbricátum (Fr. ex Fr.) Kummer

Allgemeine Kennzeichen: Recht stattlicher Pilz auf ziemlich hohem Stiel.
Hut: Dunkler oder heller braun mit rötlichem Ton, der aber auch ganz fehlen kann. Nicht schmierig, sondern feinschuppig, filzig mit eingebogenem Rand und derbem recht großem Buckel, derbfleischig. 7 bis 10 cm breit.
Blätter: Weißlich blaß, bisweilen rosrötlich fleckend, abgerundet, gedrängt.
Stiel: Kräftig, aber meist schlank, gelblichweißlich, bräunlich faserig, schuppig, mit weißer bereifter Spitze, die nicht, wie bei den vorigen Arten, scharf abgesetzt ist.
Fleisch: Fast weiß, im Stielgrunde leicht bräunend, unter der Huthaut im Buckel etwas gelblich.
Geschmack: Bisweilen mild, bisweilen bitter, besonders bitterer Nachgeschmack.
Wert: Nur die mildschmeckende Form ist eßbar, aber auch lediglich einzelne Pilze im Mischgericht.
Vorkommen: In trockenen Kiefernwäldern besonders häufig. Spätherbst.
Verwechslungsmöglichkeit: Eine gewisse Ähnlichkeit mit dem Feinschuppigen Ritterling hat der giftige Weißbraune Ritterling (*Tricholóma albobrúnneum* (Fr.) Quél.), dessen Hut nicht feinschuppig-filzig, sondern radialfaserig ist. Beim Durchschneiden hat er einen starken Mehlgeruch, der dem Feinschuppigen Ritterling fehlt. Er ist besonders im Nachgeschmack stark bitter. Man sollte beim Sammeln der feinschuppigen und faserigen braunen Ritterlinge vorsichtig sein, da bei Genuß verschiedene Arten dieser Gattung erhebliche Verdauungsstörungen hervorrufen können.

Lilastieliger Rötelritterling,
Zweifarbiger Rötelritterling Speisepilz, Marktpilz

Lepísta (Rhodopaxillus) personáta (Fr. ex Fr.) Pers. (syn. *L. bícolor* Pers.)

Hut ist blaß bräunlich gelblichgrau, gewölbt bis abgeflacht mit anfangs eingerolltem Rand, bis 15 cm breit. Blätter sind gelblich-blaß bis blaßgrau, bisweilen mit einem leichten lila Schein, dicht gedrängt, ausgebuchtet. Stiel ist kräftig lila, recht dick, zur Basis hin verdickt. Fleisch ist weißlich mit angenehmem Geruch. Wert: Guter Speisepilz. Er kommt in Parkanlagen, Gebüsch, auf feuchten Wiesen, recht häufig, in Trupps, Hexenringen oder buschelig wachsend von September bis November vor. Verwechslungsmöglichkeit besteht mit dem Violetten Rötelritterling (siehe S. 52), besonders dann, wenn dessen Hut mit seinen leuchtend lila bis blaß lila Lamellen bereits ausgeblaßt ist.

Feinschuppiger Ritterling

(oben)

**Lilastieliger oder
Zweifarbiger Rötelritterling**

(unten)

Purpurfilziger Ritterling,
Rötlicher Ritterling

ungenießbar

Tricholomópsis rútilans (Schaeff. ex Fr.) Sing. (syn. *Tricholóma rútilans* (Schaeff. ex Fr.) Kummer)

Allgemeine Kennzeichen: Ein sehr schöner, stattlicher Pilz mit purpurfilzigem Hut und leuchtend gelben Lamellen.

Hut: Anfangs kugelig-glockig geschlossen mit dickem, karminrotem Filz bekleidet, der beim Aufschirmen zerreißt, heller rot wird und das gelbe Hutfleisch durchscheinen läßt. Er blaßt im Alter aus, wird gelb oder braun, ist derb, fest und kann 15 bis 20 cm im Durchmesser erreichen.

Blätter: Leuchtend goldgelb, feinfilzig (Lupe!), gedrängt, zum Stiel hin abgerundet.

Stiel: Anfangs oft dick, gedrungen, später gestreckt, schlank, gleichmäßig dick, fest, voll, bis 15 cm hoch, gleich dem Hut auf gelbem Grunde mit roten Flocken besetzt.

Fleisch: Heller oder satt gelb, fest, im Alter wäßrig.

Geruch: Dumpf, muffig.

Geschmack: Mild, aber dumpf.

Wert: Höchstens vereinzelt junge Exemplare im Mischgericht verwertbar, nicht giftig.

Vorkommen: Auf Baumstümpfen, moderndem Holz, meist büschelig wachsend, Nadelwald. Juni bis Oktober.

Purpurfilziger Ritterling

Brauner Büschelritterling, Knäuelritterling Speisepilz, Marktpilz

Lyophýllum decástes (Fr. ex Fr.) Singer (syn. *L. aggregátum* Fr. ex Schaeff.)

Allgemeine Kennzeichen: Knäuelig zusammengewachsene Pilze mit verbogenen speckig glänzenden bräunlichgrauen Hüten.

Hut: Graubräunlich, glatt, speckig glänzend, durchwässert, in trockenem Zustand heller. Sehr unregelmäßig geformt, der Rand ist gelappt, eingebogen oder auch hochgebogen. Er verdickt sich stark zur Hutmitte. 10 cm breit.

Blätter: Weißlich mit leicht rötlichem Schimmer, besonders, wenn der Pilz naß ist, recht dünn, dicht stehend, bisweilen am Stiel etwas herablaufend.

Stiel: Verschieden lang, oft verbogen, in der Stielbasis oft zu vielen miteinander verwachsen. Weiß, seidigfaserig, voll.

Fleisch: Weißlich.

Geruch und **Geschmack:** Angenehm.

Wert: Ausgezeichneter Speisepilz.

Vorkommen: In Laubwäldern und Parkanlagen, in Gärten, liebt Komposterde. Im Spätherbst bis nach Frosteintritt.

Verwechslungsmöglichkeit mit dem Grauen Knäuelritterling (siehe unten).

Grauer Knäuelritterling, Frostrasling Speisepilz, Marktpilz

Lyophýllum fumósum (Pers. ex Fr.) P. D. Orton (syn. *L. conglobátum* Vitt.)

Allgemeine Kennzeichen: Er wächst auch büschelig, jedoch kommen die Stiele aus einem gemeinsamen dicken Strunk. Er ist im ganzen mehr grau als der vorige.

Hut: Nicht glatt und speckigglänzend, sondern rauh-feinfaserig, mit wenig braunen Tönen, heller grau mit silbernem Schein, besonders zum Rande hin. Er ist kleiner als der vorige und etwas ebenmäßiger.

Blätter: Anfangs weißlich, dann grau, nicht rötlich.

Stiel: Weißlichgrau, zur Stielspitze hin etwas flockig, nicht seidig. Die Stiele einer Gruppe entspringen einem gemeinsamen derben Strunk.

Fleisch: Weißlich, aber nicht durchgehend. Unter der Huthaut grau durchgefärbt. Fest, ohne besonderen Geruch.

Wert: Ein ganz vorzüglicher Speisepilz, der erstens sehr ergiebig ist und zweitens auch dann noch zu finden ist, wenn andere Pilze durch Nachtfröste längst zerstört sind. Anhaltende Fröste hält auch er nicht durch, kann aber bis in den Dezember hinein gefunden und gegessen werden.

Vorkommen: In großen, zusammengeballten Klumpen wachsend, liebt sandige Nadelwälder. Spätherbst bis Wintereinbruch.

Brauner Büschelritterling
(oben)

Grauer Knäuelritterling, Frostrasling
(unten)

Brätling

Lactárius volémus Fr.

Allgemeine Kennzeichen: Mittelgroßer, kräftiger Pilz mit orangebraunem Hut, an Bruchstellen einen weißen, milden Saft absondernd.
Hut: Anfangs flach gewölbt mit eingerolltem Rand. Später ausgebreitet, in der Mitte vertieft, oft ungleichmäßig verbogen. Braunrot, goldgelb bis orangebraun. Huthaut im Alter oft feldrig zerrissen. Trocken = samtig bis glatt. Kann eine Breite bis zu 20 cm erreichen.
Blätter: Blaßgelb, dicht stehend, starr, bei Verletzung splitternd, dann reichlich weißen, milden Saft absondernd, braunfleckend.
Stiel: Orangerötlich, etwas bereift, voll, fest, kräftig, starr, ungefähr 4 bis 10 cm hoch.
Fleisch: Weißlich bis gelblich, hart, starr, sondert reichlich eine süße, milde Milch ab, die an der Luft braun wird.
Geruch: Erst süßlich, dann nach Hummer, schließlich nach Hering.
Geschmack: In der Jugend angenehm mild, später tranig.
Wert: Der Brätling ist ein sehr geschätzter und beliebter Speisepilz (Marktpilz), dessen Wohlgeschmack nur in scharf gebratenem Zustand zur Geltung kommt, gekocht wird er leimig und schmeckt streng.
Vorkommen: In Laub- und Nadelwäldern, in Gebirgswäldern häufiger. Fehlt in manchen Gegenden ganz. Juli bis Oktober.

Rotbrauner Milchling

Lactárius rúfus (Scop. ex Fr.) Fr.

Allgemeine Kennzeichen: Meist dunkel, aber auch heller rotbrauner Pilz. Oft etwas trichterförmig.
Hut: Hell bis dunkel rotbraun. In der Jugend flach gewölbt, später ausgebreitet, schließlich trichterförmig, meist mit einem kleinen spitzen Buckel in der Mitte. Keine Ringzonen auf dem Hut, glatt, matt glänzend.
Blätter: Blaß gelblichrötlich, wenig zum Stiel herablaufend.
Stiel: Schlank, heller als der Hut, zuletzt hohl, bis 10 cm hoch.
Fleisch: Weißlichrötlich, brüchig, mit reichlich fließendem weißem Milchsaft, der im Alter des Pilzes und bei Trockenheit fast ganz versiegen kann.
Geschmack: Brennend scharf, bitter, mit harzigem Beigeschmack.
Wert: Dieser Pilz kann als Salatpilz verwendet werden. Er muß zerkleinert, eine Nacht hindurch gewässert, dann mehrfach abgekocht werden, wobei das Kochwasser fortzuschütten ist. Dann wird der Pilz wie Mixed Pickles mit kleinen Zwiebeln, Gewürzkörnern, Lorbeerblättern und Nelken in mit Salz und Zucker abgeschmecktes Essigwasser eingelegt. Wer die Schärfe des Pilzes liebt, kann das Wässern und Abkochen nach Bedarf verkürzen. Für längere Aufbewahrung müssen die eingelegten Pilze eingeweckt werden.
Vorkommen: In Nadelwäldern und in der Heide, oft massenhaft. Juli bis November.

Brätling   **Rotbrauner Milchling**

(oben)   *(unten)*

Echter Reizker, Edelreizker   Speisepilz, Marktpilz

Lactárius deliciósus (L. ex Fr.) S. F. Gray

Allgemeine Kennzeichen: Ein mittelgroßer, niedriger Pilz rötlichgelblicher Färbung mit zuweilen lebhaft grünen, konzentrisch angeordneten Kreisen. An Bruchstellen einen karottenfarbigen Milchsaft absondernd.

Hut: Anfangs flach mit stark eingerolltem Rand, später mehr oder weniger tief trichterförmig. Die Farbe des Hutes ist lebhaft ziegel- bis orangerot, im Alter oft stark ausblassend, aber stets meist kräftig grüne, kreisförmig angeordnete Zonen deutlich sichtbar.

Blätter: Orange, an Druckstellen grünfleckend, am Stiel herablaufend, dichtstehend, starr, brüchig.

Stiel: Ziegelrötlich, oft grünfleckig, sehr bald hohl, röhrig, gleichmäßig dick, brüchig, 4 bis 7 cm hoch.

Fleisch: Weißlich, starr, brüchig, an den Bruchstellen einen leuchtend karottenfarbigen Milchsaft absondernd, der auf dem Fleisch an der Luft grüne Flecken hinterläßt.

Geruch und **Geschmack:** Aromatisch, mild, würzig.

Wert: Ein vorzüglicher Speisepilz (Marktpilz), der sich besonders zum Braten in der Pfanne und für Suppen eignet.

Vorkommen: Auf feuchten Waldlichtungen, am Rande von Kiefernschonungen, an grasigen Stellen. Gerne gesellig, mancherorts massenhaft, fehlt anderenorts fast ganz. Juli bis Oktober.

Auf Kalkboden im Gebirge wächst eine ihm sehr ähnliche Art, der Blutreizker (*Lactárius sanguífluus* (Paul.) Fr.), mit dunklerem, weinrotem Saft.

Verwechslungsmöglichkeit: Mit dem Birkenmilchling.

Birkenmilchling, Zottiger Reizker   eßbar nach Vorbehandlung

Lactárius torminósus (Schaeff. ex Fr.) S. F. Gray

Allgemeine Kennzeichen: Dieser Pilz zeichnet sich durch eine fast rosa Färbung aus, außerdem durch einen zottigen, fellähnlich behangenen Hutrand.

Hut: Anfangs flach mit sehr stark eingerolltem Rand, später trichterförmig. Die Farbe ist rosa, fleischrötlich, bräunlich, auch gelblich, mit dunkleren, konzentrisch verlaufenden Zonen. 3 bis 12 cm im Durchmesser.

Blätter: Rosagelblich, nicht fleckend, dicht gedrängt, am Stiel herablaufend.

Stiel: Anfangs voll, sehr mürbe, zerbrechlich, später hohl, hell fleischrötlich, gleichmäßig dick, 3 bis 8 cm hoch.

Fleisch: Weißlichrötlich mit weißem Milchsaft.

Geruch: Schwach.

Geschmack: Brennend scharf.

Wert: Roh giftig, nur nach vorherigem Wässern und Abkochen sowie Fortschütten des Kochwassers genießbar.

Vorkommen: Nur unter Birken. Juli bis Oktober.

Echter Reizker

(oben)

Zottiger Reizker, Birkenmilchling

(unten)

Bruchreizker, Maggipilz giftig

Lactárius hélvus Fr.

Allgemeine Kennzeichen: Hell ockerrötlicher Pilz, zerbrechlich, wenig Milchsaft, der wäßrig und farblos ist.

Hut: Anfangs flach gewölbt, dann ausgebreitet, trichterförmig vertieft. Graurötlich, ockerrötlich, feinfilzig bis feinschuppig, nicht gezont, 5 bis 15 cm breit.

Blätter: Hell gelblichrötlich, gedrängt stehend, am Stiel mehr oder weniger herablaufend.

Stiel: Heller als der Hut, hell ockerrötlich, anfangs markig ausgestopft, später hohl. Von der Stielbasis her aufwärts mit weißem Myzel wie mit einem Stiefel bekleidet.

Fleisch: Blaß, gelblich, starr, brüchig, im Alter mürbe, gibt nur spärlich (bei Trockenheit und im Alter überhaupt keinen) wäßrigen Milchsaft ab.

Geruch: In frischem Zustand schwach, getrocknet dagegen stark nach Liebstöckel und Maggiwürze.

Geschmack: Angenehm, nicht brennend.

Wert: Giftig. Er kann zu unangenehmen Verdauungsstörungen führen. Die Regel, nach der die mildschmeckenden Milchlinge eßbar sind, bildet bei diesem Pilz eine Ausnahme. Sein angenehmer Geruch und milder Geschmack verleiten die Pilzsammler, ihn zu essen. Die Folgen sind schwere Magen- und Darmstörungen, auch Schwindelanfälle. Vom getrockneten, pulverisierten Pilz kann man sehr kleine Mengen als Würze an Soßen und Suppen verwenden.

Vorkommen: Unter Kiefern, Fichten und Birken, an moorigen Stellen, auch an trockenen Plätzen auf saurem Boden. Juli bis Oktober.

Bruchreizker

Tannenreizker bedingt genießbar

Lactárius necátor (Bull ex Fr.) P. Karst. (syn. *L. túrpis* (Weinm.) Fr.)

Allgemeine Kennzeichen: Ein niedriger, gedrungener, sehr kräftiger Pilz mit dunkleren Farben.

Hut: Derb, dickfleischig, bis 20 cm breit, lange Zeit mit stark eingerolltem Rand. Stark filzig, anfangs trübe gelbgrün, sehr bald nachdunkelnd, schließlich fast olivschwarz, klebrig bis schleimig. In der Mitte etwas vertieft.

Blätter: Am Stiel etwas herablaufend, blaß gelblichgrün, an Druckstellen schwärzend, im Alter mit dunkler Schneide, schmal gedrängt.

Stiel: Verhältnismäßig kurz, etwa bis 6 cm hoch, gedrungen, glatt, im Alter mitunter etwas grubig, heller als der Stiel, schmutzig olivfarben.

Fleisch: Schmutzig weißlich, hart, kann zerbröckelt werden, sondert einen sehr scharfen, wäßrigweißen Milchsaft ab.

Geschmack: Terpentinartig, brennend scharf.

Wert: Man muß ihn in kleine Teile zerschneiden, eine Nacht wässern, dann abbrühen, das Brühwasser fortschütten und braten.

Vorkommen: Mit Vorliebe unter Birken und Fichten, häufig. Juli bis November.

Verwechslungsmöglichkeit: Im Jugendstadium sieht er dem Kahlen Krempling (siehe S. 84) ähnlich, der aber keinen Milchsaft absondert, in rohem Zustand sehr giftig ist, aber auch im intensiv gegarten Zustand oft Vergiftungen hervorgerufen hat.

Graugrüner Milchling ungenießbar

Lactárius blénnius (Fr.) Fr.

Allgemeine Kennzeichen: Ein mittelgroßer recht dünnfleischiger, hell graugrüner Pilz.

Hut: Bis 8 cm breit, dünnfleischig, in der Mitte leicht vertieft, der Rand ist bisweilen wellig verbogen. Die Huthaut ist glatt, schleimig, hell graugrün, ungezont.

Blätter: Blaß weißlich, an Bruchstellen graugrün fleckend.

Stiel: Heller als der Hut, 3 bis 6 cm hoch, glatt, klebrig, nicht dick und gedrungen.

Fleisch: Weiß, sondert einen weißen, sehr scharfen Milchsaft ab, der beim Eintrocknen graufleckend wird.

Wert: Ungenießbar.

Vorkommen: Unter Buchen, häufig. August bis Oktober.

Verwechslungsmöglichkeit: Er kann mit dem Grünen Anistrichterling (siehe S. 74) verwechselt werden, der aber keinen Milchsaft hat und stark nach Anis duftet.

Tannenreizker
(øben)

Graugrüner Milchling
(unten)

Wolliger Milchling, Erdschieber ungenießbar

Lactárius velléreus (Fr.) Fr.

Allgemeine Kennzeichen: Sehr großer, derber, schüsselförmiger, weißer Pilz mit weißer, brennend scharfer Milch.
Hut: Im Jugendzustand flach gewölbt mit stark eingerolltem Rand, flaumig filzig (besonders zum Rande hin), kalkweiß. Später ausgebreitet, schließlich schüsselförmig, nur noch schwach flaumig, fast kahl, vergilbend. Der dann nicht mehr eingerollte, scharfe Rand ist ungleichmäßig geschweift. Durchmesser des Hutes 10 bis 25 cm.
Blätter: Weiß, fleckig, starr, dick, entfernt stehend, am Stiel etwas herablaufend.
Stiel: Weiß, sehr derb, kurz, filzig-flaumig, voll.
Fleisch: Weiß, derb, hart, bröckelig, mit brennend scharfer, meist reich fließender Milch. Ganz alte Exemplare haben nur wenig Milch.
Geschmack: Brennend scharf.
Wert: Er muß als ungenießbar gelten, obgleich es Menschen gibt, die ihn nach besonderer Vorbehandlung essen.
Vorkommen: Im Spätherbst oft massenhaft in Laub- und Nadelwäldern.
Verwechslungsmöglichkeit: Der Pfeffermilchling ist ihm sehr ähnlich. Der Wollige Milchling kann auch leicht mit dem Erdschiebertäubling (*Rússula délica* Fr.) verwechselt werden, doch hat dieser große, derbe Täubling natürlich keine Milch.

Pfeffermilchling bedingt eßbar

Lactárius piperátus (L. ex Fr.) S. F. Gray

Allgemeine Kennzeichen: Gleichfalls ein großer, derber, in der Mitte etwas vertiefter, weißer Pilz mit brennend scharfer Milch.
Hut: Weiß bis hell elfenbeingelb, kahl, glatt, anfangs abgeflacht, mit stark eingerolltem Rand, später in der Mitte leicht vertieft. 5 bis 15 cm im Durchmesser.
Blätter: Weißlich, sehr schmal, dicht gedrängt, am Stiel etwas herablaufend.
Stiel: Weiß bis zart gelblich, mitunter etwas braunfleckig, sehr kräftig, starr, dick und recht hoch, bis 10 cm und darüber, sich nach unten verjüngend.
Fleisch: Weiß, dick, starr, brüchig, sondert eine weiße, brennend scharfe Milch ab.
Geruch: Schwach aromatisch.
Geschmack: Brennend scharf mit angenehmem Beigeschmack.
Wert: Scharf gebraten, trotz eines bitteren Beigeschmackes wohlschmeckend. Zum Kochen oder Dünsten eignet er sich nicht.
Vorkommen: In Laub- und Nadelwäldern, besonders häufig unter Buchen, oft massenhaft, fehlt aber in manchen Gegenden fast ganz. Juli bis Oktober.

Wolliger Milchling
(links und oben)

Pfeffermilchling
(rechts unten)

Riesenrötling giftig

Rhodophýllus sinuátus (Bull. ex Fr.) Singer (syn. *Entolóma lívidum*) (Bull. ex St.-Am.) Quél.

Hut: Anfangs gewölbt mit eingebogenem Rand, dann ausgebreitet mit dünnem, gewellt verbogenem Rand. In der Mitte dickfleischig. Bis 18 cm breit. Blaß lederfarbig, graugelblich mit graulila Ton. Seidig, netzfaserig, aber auch glatt, kahl.
Blätter: Anfangs weißlich, schließlich rosarötlich, gelbrötlich bis fleischrötlich. Anfangs schmal, später recht breit, angewachsen bis tief ausgebuchtet.
Stiel: Weißlich, kräftig und recht hoch, bis 12 cm, an der Basis verdickt, unter dem Hut deutlich breiter werdend. Faserig seidig glänzend, an der Spitze bereift, an der Basis weißfilzig. Im Alter hohl.
Fleisch: Weiß, seidig schimmernd.
Geruch: Anfangs nach Mehl, dann nach Drogen und nach ranzigem Öl.
Geschmack und **Wert:** Trotz angenehmen Geschmackes giftig.
Vorkommen: Auf fetten Böden, Lehm, in Laubwäldern und Parkanlagen, bevorzugt unter Eichen und Buchen. Im südlichen Mitteleuropa und Frankreich häufig, gesellig wachsend, im nördlichen Mitteleuropa selten, vereinzelt wachsend. Mai bis September.
Verwechslungsmöglichkeit: Er hat mit dem Nebelgrauen Trichterling (siehe S. 72) Ähnlichkeit. Doch wächst dieser im Spätherbst.

Grünspanträuschling eßbar

Strophária aeruginósa (Curt. ex Fr.) Quél.

Allgemeine Kennzeichen: Ein recht kleiner, auffallend schöner Pilz, dessen leuchtend grüner Hut mit den kräftig purpurbraunen Farben der Lamellen einen prächtigen Farbklang ergibt.
Hut: Kugelig, glockig bis ausgebreitet mit kleinem Buckel. Bis 7 cm breit. Anfangs mit einem dicken, blaugrünen Schleim bezogen, der am Rande weiße Flocken hat. Im Alter verschwindet der Schleim, und es kommt die gelblich ausblassende, kahle Huthaut zum Vorschein.
Blätter: Kräftig rötlichbraun mit einem Ton ins Violette, mit anfangs weißflockiger Schneide, weich, breit, angewachsen.
Stiel: Kräftig bis schlank, bis 8 cm hoch, heller als der Hut, mit weißem häutigem Ring, der im Jugendstadium Stiel und Hutrand verbindet und dort weiße Hautfetzen hinterläßt, oberhalb des Ringes kahl, unterhalb mit weißen Flocken besetzt.
Fleisch: Weißlich bis grünlich mit schwachem Geruch.
Wert: Nach Abziehen der Haut eßbar, guter Suppenpilz.
Vorkommen: In Wäldern und Gärten, auch auf Schuttplätzen und unter Hecken, gesellig, häufig. August bis November.

Riesenrötling

(oben)

Grünspanträuschling

(unten)

Graukappe, Nebelgrauer Trichterling eßbar

Lepista nebularis (Fr.) Harmaja (syn. *Clitócybe nebuláris* (Batsch ex Fr.) Kummer)

Allgemeine Kennzeichen: Kräftiger mittelgroßer bis großer Pilz. Im Alter trichterförmig, zart nebelgrau.

Hut: Anfangs fast kugelig mit eingerolltem Rand, dann ausgebreitet bis derb trichterförmig, im Alter mit verbogenem Rand. In feuchtem Zustand = gelblich-bräunlichgrau. Trocken = zart nebelgrau bis weißlich. Oft mit einem weißen, von wuchernden Hyphen herrührenden abwischbaren Belag. Durchmesser bis 18 cm.

Blätter: Blaßgelblich, dicht stehend, schmal, herablaufend, vom Hutfleisch leicht ablösbar.

Stiel: Derb, nach unten verdickt, an der Stielbasis von watteähnlichem Myzelgewebe um- und übersponnen. Oft Teilchen vom Waldboden und altem Laub mit eingesponnen. Gelblichweiß, weiß überreift. Bis 10 cm hoch, voll, aber locker-schwammig.

Fleisch: Weiß und fest.

Geruch: Sehr stark, parfümiert, zuweilen widerlich.

Geschmack: Säuerlich.

Wert: Bedingt eßbar, wird von vielen Menschen nicht vertragen, während er von anderen sehr geschätzt wird.

Vorkommen: Im Laubwald. Das Myzel durchwuchert das alte Laub und backt es zusammen. Spätherbst.

Achtung! Gewisse Ähnlichkeit mit dem Riesenrötling (*Rhodophýllus sinuátus* (Bull ex Fr.) Sing.), dessen Blätter entfernt angeordnet sind und im Alter rötlich werden. Außerdem tritt der Riesenrötling meist etwas früher im Jahr, seltener erst im Spätherbst, auf.

Nebelgrauer Trichterling, Graukappe

Keulenfußtrichterling eßbar

Clitócybe clávipes (Pers. ex Fr.) Kummer

Allgemeine Kennzeichen: Ein nicht sehr großer graubrauner Trichterling mit stark angeschwollener Stielbasis.

Hut: Anfangs mit abwärts gebogenem Hutrand, etwas gewölbt, später ausgebreitet, mit fast spitzem Buckel. Bis 7 cm breit. Rauchbräunlich, graubräunlich, auch grau ausblassend, kahl, glatt, Mitte fleischig.

Blätter: Am Stiel herablaufend, zuerst gelblich weiß, dann gelblich, mit kürzeren und gegabelten Blättern durchmischt.

Stiel: Bis 8 cm hoch. Etwas heller als der Hut, zur Stielbasis hin weißlich. Hier keulig verdickt, schwammig. Wenn man die Verdickung in der Hand zusammendrückt, läuft auch bei trockenem Wetter eine beträchtliche Menge Wasser heraus.

Fleisch: Bei feuchtem Wetter stark durchwässert grau, bei Trockenheit weiß, weich, schwammig.

Geruch: Angenehm süßlich, etwas an Zimt erinnernd.

Geschmack: Mild.

Wert: Eßbar.

Vorkommen: In nicht zu trockenen Nadelwäldern, aber auch in Mischwäldern. August bis Oktober.

Verwechslungsmöglichkeit: Er hat in Größe und Gestalt Ähnlichkeit mit dem Horngrauen Rübling (siehe S. 78), der auch oft durchwässert und an der Stielbasis verdickt, jedoch niemals so stark keulig aufgeblasen ist. Sein Stiel ist knorpelig berindet und oft etwas flachgedrückt, und seine Lamellen laufen nicht am Stiel herab.

Grüner Anistrichterling eßbar

Clitócybe odóra (Bull. ex Fr.) Kummer

Hut: Anfangs glockig mit eingerolltem Rand, dann ausgebreitet mit wellig geschweiftem, verbogenem Rand. Grünspangrün, graugrün, schließlich gelblich bis weißlich ausblassend. 4 bis 8 cm breit.

Blätter: Blasser als der Hut, angewachsen oder am Stiel herablaufend.

Stiel: Blaßgrünlich, zur Stielbasis sich verdickend und weißfilzig, 4 bis 7 cm hoch, elastisch, ausgestopft.

Fleisch: Blaßgrünlich.

Geruch: Stark nach Anis. **Geschmack:** Würzig.

Wert: Er ist eßbar, jedoch ist sein Genuß Geschmackssache, manche mögen in der Mahlzeit den Anisgeruch nicht.

Vorkommen: In Laub- und Nadelwäldern, gesellig, häufig, Juli bis November.

Verwechslungsmöglichkeit: Er hat mit dem Graugrünen Milchling Ähnlichkeit (siehe S. 66).

Keulenfußtrichterling
(oben)

Grüner Anistrichterling
(unten)

Fuchsroter Trichterling

Clitócybe invérsa (Scop. ex Fr.) Quél.

eßbar

Hut anfangs mit eingerolltem Rand, der lange umgebogen bleibt, später ausgebreitet und trichterförmig vertieft, dünnfleischig, zäh, glatt, fuchsig rot; bis 10 cm breit. Blätter sind anfangs blaß ockergelblich oder weißlich, allmählich die Tönung des Hutes annehmend, sichelförmig, gedrängt, am Stiel weit herablaufend. Stiel ist im allgemeinen sehr niedrig, 2 bis 5 cm hoch, meist etwas seitlich sitzend, anfangs blaß, allmählich die Hutfarbe annehmend, zäh, durch Myzelteile mit Humus und sonstigen Bodenteilchen weiß verfilzt. Fleisch ist blaß gelblichrötlich, zäh, elastisch. Geruch nach frisch gesägtem Holz. Geschmack säuerlich, herb. Nur als Mischpilz zu verwenden. In Nadelwäldern, aber auch in Laubhumus, oft büschelig, mehrere Exemplare miteinander verwachsen, häufig, Spätherbst.

Gelbbräunlicher Trichterling

Clitócybe gíbba (Pers. ex Fr.) Kummer (syn. *Cl. infundibulifórmis* (Schaeff. ex Fr.) Quél.)

eßbar

Hut anfangs mit eingerolltem Rand, trichterförmig, meist mit einem kleinen spitzen Buckel; im Alter der Rand dünn und stark wellig verbogen; hell ockerbräunlich, zum Rand hin fein filzig, bis 8 cm breit. Blätter blaß, weißlich, sichelförmig, herablaufend. Stiel ist recht niedrig, bis 5 cm hoch, blasser als der Hut, zäh, elastisch, feinfaserig, an der Basis verdickt, durch weißen Myzelfilz mit Humusteilchen verklebt. Fleisch ist weiß, weich und etwas zäh, angenehm nach Kuchengewürz oder Bittermandel riechend. Als Mischpilz brauchbar. In Laub- und Nadelwäldern, im Gebüsch, in Gruppen und Hexenringen von Juli bis November vorkommend.

Giftiger Wiesentrichterling,
Rinnigbereifter Trichterling

Clitócybe rivulósa (Pers. ex Fr.) Kummer

sehr giftig

Kleiner, fleischbräunlich-rötlich, weißlich, konzentrisch rinnig bereifter Pilz, bis 7 cm breit. Blätter schmutzig blaß, recht breit, herablaufend oder auch nur angewachsen. Der Stiel hat etwa die gleiche Farbe wie der Hut, ist ziemlich gleichmäßig dick, faserig, ausgestopft, zäh. Fleisch weißlich bis bräunlich unter der Haut, riecht säuerlich, schmeckt mild. **Stark giftig,** hat einen sehr hohen Muscaringehalt! Auf Äckern und Weiden, auf grasigen Wegen und Plätzen, gern in Gesellschaft mit dem Nelkenschwindling (siehe S. 86), büschelig oder in kleinen Trupps von Juli bis Oktober vorkommend.

Fuchsroter Trichterling
(oben)

Gelbbräunlicher Trichterling
(links unten)

Giftiger Wiesentrichterling
(rechts unten)

Butterrübling

Collýbia butyrácea (Bull. ex Fr.) Kummer

Allgemeine Kennzeichen: Mittelgroßer rötlichbrauner Pilz mit keulig angeschwollenem Stielende.
Hut: Anfangs gewölbt, dann ausgebreitet, bis 7 cm breit, blaßbraun bis rotbraun, am Rande mit einem feinen weißen Saum, glatt, wirkt speckig.
Blätter: Weißlich, wässerig, breit mit gekerbter Schneide, dicht stehend, weiß, abgerundet.
Stiel: Meist etwas heller als der Hut, glattfaserig, knorpelig, am Grunde weißfilzig, aufgeblasen-keulig, bis 7 cm hoch.
Fleisch: Meist stark durchwässert, recht weich, ohne besonderen Geruch und Geschmack.
Wert: Als Mischpilz eßbar.
Vorkommen: Hauptsächlich im Nadelwald, gesellig wachsend. Spätherbst.

Horngrauer Rübling

Collýbia aséma Fr.

Der Pilz ist keine eigene Art, sondern eine Form des Butterrüblings. Es gibt zahlreiche Übergangsstufen vom Butterrübling zum Horngrauen Rübling. Er wirkt im allgemeinen noch mehr durchwässert als der Butterrübling. Durch seine horngraue Farbe und die blasig aufgetriebene Stielbasis hat er eine recht große Ähnlichkeit mit dem Keulenfußtrichterling (siehe S. 74), bei dem aber die Lamellen weit am Stiel herablaufen, während sie beim Horngrauen Rübling abgerundet sind.

Waldfreundrübling

Collýbia dryóphila (Bull. ex Fr.) Kummer

Hut: Glockig gewölbt bis flach ausgebreitet, im Alter mit stark verbogenem Rand, dünnfleischig, elastisch, bis 7 cm breit, gelblich bis gelbbräunlich.
Blätter: Blaß bis gelblich, schmal, gedrängt stehend.
Stiel: 4 bis 7 cm hoch, rotbraun, zur Spitze hin heller, glatt, röhrig, knorpelig-zäh, an der Stielbasis bisweilen etwas aufgeblasen, zur Stielspitze hin sich verbreiternd.
Fleisch: Dünn, blaß, wässerig, Geruch angenehm frisch, Geschmack mild.
Wert: Ohne Stiele als Mischpilz oder gebraten eßbar, in größerer Menge wird vorheriges Abbrühen empfohlen.
Vorkommen: In allen feuchten Wäldern, häufig. Mai bis November.

Butterrübling
(links oben)

Horngrauer Rübling
(rechts oben)

Waldfreundrübling
(unten)

Wurzelrübling   minderwertig

Oudemansiélla (Collýbia) radicáta (Relhan ex Fr.) Singer

Allgemeine Kennzeichen: Hellgraugelber, mittelgroßer, radialgerunzelter Hut auf einem auffallend hohen, meist gedrehten Stiel, der tief wurzelnd im Boden steckt.

Hut: Flach gewölbt bis glockig, leicht gebuckelt, radial verlaufende breite Runzeln, bis 10 cm breit, zuweilen auch darüber, blaß graugelb, graubraun, selten weißlich, bei feuchtem Wetter sehr schleimig.

Blätter: Weiß bis weißlich, sehr breit, bauchig, dicklich, entfernt stehend, am Stiel streifig oder mit einem Zahn angewachsen.

Stiel: Heller als der Hut. Außerordentlich lang, gefurcht, gedreht, nach oben sich verjüngend, nach unten stark verdickend, um sich dann in der Erde zu einer spitz zulaufenden äußerst langen Spindel zu verlängern. Über dem Erdboden 10 bis 20 cm hoch, Spindel unter der Erde 10 bis 15 cm lang, bisweilen aber noch viel länger, mit einem starken Wurzelfilz bekleidet.

Fleisch: Weiß, im Hut sehr dünn, fast ohne Geruch, mit mildem Geschmack.

Vorkommen: Im Laubwald, besonders unter Buchen, auf alten Stümpfen oder in ihrer Nähe, häufig. Juni bis Oktober.

Gefleckter Rübling   ungenießbar

Collýbia maculáta (Alb. & Schw. ex Fr.) Kummer

Hut: Weißlich, später roströtlich gefleckt, anfangs gewölbt mit stark eingerolltem Rand, später flach ausgebreitet, stark gewellt und verbogen.

Blätter: Weiß bis gelblichweiß oder blaßgelblich, schmal, gedrängt, abgerundet bis frei.

Stiel: Weißlich, im Alter rostfleckig, nach unten spindelförmig verdickt bis spindelförmig wurzelnd, nach oben unter dem Hut auch mehr oder weniger verbreitert, längsstreifig, oft gedreht, knorpelig, elastisch, hohl.

Fleisch: Weiß und fest, nach dem Regen angenehm riechend, sonst unangenehmer Geruch und Geschmack.

Vorkommen: In feuchten Nadelwäldern, oft büschelig wachsend. September bis Oktober.

Anmerkung: Da zu der Gattung »Rübling« eine größere Anzahl von Arten (etwa 50) gehört, die sich in vielen Merkmalen wesentlich voneinander unterscheiden, hat man sie in mehrere Untergattungen eingeteilt. Ein Merkmal aber ist allen gemeinsam: der knorpelig berindete elastisch-zähe Stiel, der sich zusammendrücken läßt, um dann wieder seine ursprüngliche Form anzunehmen.

Wurzelrübling
(links)

Gefleckter Rübling
(rechts)

Pfifferling   Speisepilz, Marktpilz

Cantharéllus cibárius Fr.

Allgemeine Kennzeichen: Kleiner bis ansehnlicher, meist dottergelber Pilz mit weit am Stiel herablaufenden Leisten (keine Blätter!).

Hut: Anfangs klein, gewölbt, mit eingerolltem Rand, dann genabelt bis trichterförmig mit sehr unregelmäßigem, dünnem, gelapptem und geschweiftem Rand. Dottergelb, seltener fast weiß.

Leisten: Wie der Hut gefärbt, weit am Stiel herablaufend, vielfach gegabelt. Mit der Lupe betrachtet, sehen sie wie Falten aus.

Stiel: Nach unten verjüngt, oben allmählich in den Hut übergehend, die gleiche Farbe wie Hut und Leisten, 1 bis 5 cm hoch.

Fleisch: Weißlichgelb, nach außen stärker gelb, fest.

Geruch: Erfrischend würzig.

Geschmack: Angenehm mit etwas pfeffrigem Nachgeschmack.

Wert: Wohl bekanntester und beliebtester Speisepilz (Marktpilz), der jedoch eigentlich gar keinen Nährwert besitzt und völlig unverdaut den Magen-Darm-Kanal passiert. Unzerkleinert gegessen, kann er bösartige Verdauungsschwierigkeiten hervorrufen. Der eigentliche Wert besteht in seinem feinen, appetitanregenden Geschmack. Außerdem ist er auch Träger des Provitamins A (Karotin). Zum Trocknen nicht geeignet.

Vorkommen: In Laub- und Nadelwäldern oft massenhaft. Liebt Feuchtigkeit, durch Aufkratzen des Waldbodens stellenweise sehr zurückgegangen!

Verwechslungsmöglichkeit: Der Falsche Pfifferling ist ihm sehr ähnlich, hat aber keine Leisten, sondern Blätter.

Falscher Pfifferling   minderwertig

Hygrophorópsis aurantíaca (Wulf. ex Fr.) R. Mre.

Hut: Hell bis dunkel orangegelb, dünnfleischig, samtig, biegsam, elastisch.

Blätter: Lebhafter gefärbt als der Hut, zwischen den Blättern orangerot, am Stiel herablaufend, mehrfach gegabelt.

Stiel: Dünn, biegsam, zäh, orangegelb.

Fleisch: Dünn, orange, zäh.

Wert: Er ist nicht giftig, aber im Geschmack minderwertig, außerdem unverdaulich. Von Unkundigen wird er vielfach für einen gefährlich giftigen Doppelgänger des echten Pfifferlings gehalten und streng gemieden. Sollte einmal ein Falscher Pfifferling unter die echten geraten, so ist das kein Unglück. Nur wenn in einem Pilzgericht viele Falsche Pfifferlinge enthalten sind, erfährt es eine erhebliche Geschmacksminderung.

Vorkommen: Besonders häufig in Nadelwäldern, meist im Spätherbst.

Pfifferling
(oben)

Falscher Pfifferling
(unten)

Kahler Krempling,
Empfindlicher Krempling   giftig

Paxíllus involútus (Batsch ex Fr.) Fr.

Allgemeine Kennzeichen: Ein mittelgroßer, niedriger, bräunlicher Pilz, bei
Berührung braun fleckend.
Hut: Gelbbräunlich, olivbräunlich bis graubräunlich. Anfangs flach gewölbt
mit stark eingerolltem (eingekrempeltem), feinfilzigem Rand. Später nieder-
gedrückt, flach ausgebreitet bis flach trichterförmig.
Blätter: Olivbraungelb, bei Berührung sofort dunkel braunfleckig, breit,
gedrängt, am Stiel herablaufend. Bisweilen queradrig am Stiel miteinander
verbunden, in zusammenhängender Schicht leicht ablösbar (hierin Ähnlichkeit mit den Röhrlingen).
Stiel: Nicht hoch, bis 8 cm, 1 bis 2 cm dick. Gelbbräunlich, bei Druck braun
fleckend, voll, unten bisweilen dicker werdend, aber auch spitz auslaufend.
Fleisch: Blaß holzgelblich, wird beim Kochen sehr dunkelbraun, zart,
saftig.
Geruch und **Geschmack:** Angenehm säuerlich.
Wert: Er ist leider immer noch ein beliebter Speisepilz, der bisher als bekömmlich galt. Neuerdings hat er aber trotz sachgemäßer Zubereitung
(scharf gebraten oder 30 bis 40 Minuten gekocht) schwerste Vergiftungen
hervorgerufen. Neueste Untersuchungen haben ergeben, daß einer seiner
gesundheitsschädigenden Inhaltsstoffe ein Allergen ist, das den Zerfall der
roten Blutkörperchen bewirkt. Bei wiederholtem Genuß des Pilzes ist eine
Verstärkung der Krankheitserscheinungen zu beobachten, wobei es sogar
zum Tode kommen kann. Roh genossen wirkt er in jedem Fall stark giftig.
Vorkommen: Besonders häufig in Nadelwäldern, aber auch in Parkanlagen
und auf grasigen Wegen. Juli bis November.
Verwechslungsmöglichkeit: Eine gewisse Ähnlichkeit besteht mit dem Samtfußkrempling, dessen gedrungener, recht kurzer Stiel mit einem dunkel-
braunem Samt bekleidet ist. Außerdem hat der Tannenreizker (*Lactárius
túrpis* Weinm.) mit dem Kahlen Krempling Ähnlichkeit, er ist düster olivgrün und besitzt einen weißen, sehr scharfen Milchsaft.

Samtfußkrempling   ungenießbar

Paxíllus atrotomentósus (Batsch ex Fr.) Fr.

Dieser Pilz ist in Farbe und Gestalt dem Kahlen Krempling ähnlich. Sein
kurzer, kräftiger, in schwarzbraunen Samt gekleideter Stiel steht meistens
exzentrisch (nicht in der Mitte des Hutes, sondern nach der Seite zu).
Der Samtfußkrempling wächst auf moderndem Holz. Er schmeckt modrig-
dumpf, kann höchstens in vereinzelten jungen Exemplaren als Mischpilz
genossen werden.

Kahler Krempling

(oben)

Samtfußkrempling

(unten)

Nelkenschwindling Speisepilz, Marktpilz

Marásmius oréades (Bolt. ex Fr.) Fr. (syn. *M. caryophýlleus* Schaeff.)

Allgemeine Kennzeichen: Blasser, kleiner bis knapp mittelgroßer Pilz mit schlankem, zähem Stiel.

Hut: Blaß ocker- bis ledergelb, anfangs schwach gewölbt, dann ausgebreitet. Rand bisweilen grob gerieft, zäh, recht dünnfleischig, 3 bis 6 cm im Durchmesser.

Blätter: Blaß graugelbweißlich, dick, entfernt stehend. Meist gleichmäßig eine kurze Lamelle mit einer langen wechselnd.

Stiel: Sehr schlank, 4 bis 8 cm hoch, blaß ockergelb, weiß bereift oder glatt, an der Basis durch Myzelteile feinfilzig weiß. Voll, zäh.

Fleisch: Blaß ockerfarbig, feucht = weich, trocken = zäh.

Geruch: Angenehm würzig.

Wert: Ein vorzüglicher Speisepilz, besonders für Soßen und Suppen geeignet. Leider ist er häufig madig.

Vorkommen: Auf Grasplätzen vielfach, im Schafschwingelrasen, in und außerhalb der Wälder, oft massenhaft. Mai bis November.

Achtung! Nicht mit kleinen, bräunlichen Rißpilzen verwechseln, die einen strahlig aufreißenden Hut haben und meistens einen unangenehmen Geruch nach stockig-feuchten Waschlappen aufweisen. Außerdem haben die Rißpilze nicht so breit stehende, dickliche Lamellen wie der Nelkenschwindling. Sie sind sehr giftig. Auch mit kleinen weißen, ebenfalls sehr giftigen Trichterlingen kann der Nelkenschwindling verwechselt werden. Die Blätter der Trichterlinge laufen aber, im Gegensatz zum Nelkenschwindling, etwas am Stiel herab.

Mousseron, Küchenschwindling, Knoblauchspilz eßbar, Würzpilz

Marásmius scorodónius (Fr.) Fr.

Allgemeine Kennzeichen: Ein kleiner, zierlicher Pilz auf hohem, dünnem, zähem Stiel.

Hut: Weißlichbräunlich, pfenniggroß, sehr dünnfleischig, zäh.

Stiel: Dunkel rotbraun, erinnert an ein Pferdehaar, zäh, hohl.

Fleisch: Blaß, dünn, zäh.

Geruch: Intensiv würzig, knoblauchähnlich.

Wert: Der Mousseron ist ein ausgezeichneter Würzpilz, den man zu Soßen und Suppen verwendet. Er muß getrocknet in dicht schließenden Behältern aufbewahrt werden.

Vorkommen: In Wald und Heide an grasigen Stellen, oft in großen Mengen. Juni bis Oktober.

Verwechslungsmöglichkeit: Es gibt noch mehrere kleine Schwindlinge, die dem Mousseron sehr ähnlich sehen, jedoch entweder schwächer oder stärker nach Knoblauch riechen als dieser.

Nelkenschwindling
(oben)

Küchenschwindling
(unten)

Geschmückter Gürtelfuß minderwertig

Cortinárius (Telamónia) armillátus (Fr.) Fr.

Allgemeine Kennzeichen: Mittelgroßer Pilz mit auffallend ziegelroten Gürteln am Stiel.

Hut: Rostbräunlich, faserig-schuppig, dickfleischig, glockig bis ausgebreitet mit eingebogenem Rand, bis 15 cm breit.

Blätter: Graubraun bis schmutzig zimtbraun, sehr breit (17 mm), entfernt stehend.

Stiel: Anfangs an der Spitze lila fleischrötlich, dann ockerbraun bis rotbraun, schlank, nach unten zu kräftig verdickt, mit mehreren schräg gestellten, ziegel- bis zinnoberroten Gürteln besetzt, bis 20 cm hoch.

Fleisch: Blaß bräunlich.

Geruch und **Geschmack:** Mild.

Wert: Nur als Mischpilz in jungem Zustand brauchbar.

Vorkommen: In Wäldern an feuchte Stellen, unter Nadelbäumen und Birken, auch in Torfmooren, recht häufig. Juli bis Oktober.

Heideschleimfuß, Brotpilz eßbar

Cortinárius mucósus (Bull. ex Fr.) Fr.

Allgemeine Kennzeichen: Kleiner bis mittelgroßer, goldbrauner Pilz.

Hut: Goldbraun und blank wie manche Brotsorten, zum Rande hin heller. Anfangs gewölbt, dann ausgebreitet, zuletzt in der Mitte etwas vertieft. Feucht = sehr schleimig, trocken = stark glänzend, glatt, 4 bis 8 cm breit.

Blätter: Anfangs hell, dann rostfarbig, mit fein gekerbter Schneide.

Stiel: Hell, im unteren Teil mit einem glasigen hellen Schleim (der später austrocknet) überzogen. Im oberen Teil ein durch den Sporenstaub rostbraun gefärbter Gürtel, der oft nur angedeutet ist. Er bildet den Rest eines zarten weißfädigen Schleiers, der anfangs Stiel und Hutrand miteinander verbindet. Der Stiel ist schlank, bis 6 cm hoch.

Fleisch: Hell, gelblich, geruchlos.

Geschmack: Mild.

Wert: Ein guter, ergiebiger Speisepilz mit angenehmem Geschmack, besonders als Mischpilz zu empfehlen.

Vorkommen: In sandigen Kiefernwäldern oft massenhaft. September bis November.

Geschmückter Gürtelfuß
(links)

Heideschleimfuß, Brotpilz
(rechts)

Grünblättriger Schwefelkopf　　　　　　sehr giftig

Hypholóma fasciculáre (Huds. ex Fr.) Kummer

Allgemeine Kennzeichen: Ein büschelig wachsender Holzbewohner mit schwefelgelbem Hut, der eine fuchsigrote Mitte hat. Blätter stark grünlich.
Hut: Hell schwefelgelb mit rotbrauner Mitte, anfangs stark gewölbt, später ausgebreitet. 3 bis 7 cm breit.
Blätter: Im frühen Jugendstadium hell schwefelgelb, bald mit grünem Schimmer, dann graugrün, schließlich dunkel olivpurpurn überstäubt (reifer Sporenstaub), gedrängt stehend, schmal.
Stiel: Schwefelgelb, rostrot gefasert. Büschelig miteinander verwachsen, bis 10 cm hoch, gleichmäßig dick (bis 0,5 cm), oben mit einem grünlichen bis bräunlichen Gürtel besetzt (Schleierrest).
Fleisch: Schwefelgelb, im Stiel bräunlich.
Geruch: Rettichartig.
Geschmack: Sehr bitter.
Wert: Nach neuesten Erfahrungen sehr giftig.
Vorkommen: Das ganze Jahr hindurch mit Ausnahme der Frostperioden auf alten Baumstümpfen und deren unterirdischen Wurzeln von Laub- und Nadelhölzern.
Anmerkung. Der Grünblättrige Schwefelkopf hat forstliche Bedeutung, da er in seinem Bereich die Ausbreitung des Hallimasches unterbindet, der nicht nur totes Holz befällt, sondern auch lebende Bäume, die er in einigen Jahren zum Absterben bringt.

Rauchblättriger Schwefelkopf　　Speisepilz, Marktpilz

Hypholóma capnoídes (Fr. ex Fr.) Kummer

Allgemeine Kennzeichen: Ein an alten Baumstümpfen wachsender hellgelblicher bis gelblichbrauner Pilz mit rauchgrauen Lamellen.
Hut: Hellgelb mit hellbrauner Mitte und oft wäßrig durchzogenem Rand, an dem sich zuweilen noch weiße Schleierreste befinden, die bald braun werden. Der Hut ist dünnfleischig, anfangs gewölbt, dann flacher, nur im Alter ausgebreitet. Bis 7 cm im Durchmesser, nur selten noch breiter.
Stiel: Oben hell gelblichweißlich, glatt, seidig, unten rostbraun, in der Regel stark gekrümmt, hohl.
Fleisch: Gelblichweiß, in der Stielbasis dunkler.
Geruch und **Geschmack:** Angenehm, mild.
Wert: Ein vorzüglicher Speisepilz.
Vorkommen: Frühjahr und Spätherbst an Stümpfen von Kiefern und Fichten.
Verwechslungsmöglichkeit: Mit dem ihm nah verwandten Ziegelroten Schwefelkopf (*Naematolóma sublateritium* (Fr.) Karst.), der aber größer und kräftiger ist und einen dunkleren Hut hat. Er gilt als eßbar, sofern er nicht bitter ist.

Grünblättriger Schwefelkopf
(oben)

Rauchblättriger Schwefelkopf
(unten)

Hallimasch

Armillariélla méllea (Vahl ex Fr.) Karst.

Allgemeine Kennzeichen: Ein büschelig wachsender Holzbewohner von ansehnlicher Größe.
Hut: Weißlich oder honiggelb bis rotbraun oder dunkelbräunlich. Anfangs kugelig, dann flach gewölbt bis ausgebreitet, 5 bis 15 cm breit. Mit dunkleren, filzigen Schüppchen besetzt, die im Alter verschwinden.
Blätter: Anfangs weißlich, später dunkel gelblichbräunlich mit dunkleren Flecken, recht weit stehend, am Stiel angewachsen, strichförmig etwas herablaufend.
Stiel: Gelb bis braun, an der Stielbasis schwärzlich, auch gelblich. 5 bis 20 cm hoch, fast gleichmäßig dick, aber an der Basis stark angeschwollen. In der Jugend bisweilen sehr dick und kurz, sich später schnell streckend mit weißem, kräftigem, flockigem Ring; sehr zäh, knorpelig berindet.
Fleisch: Blaß, weich, im Stiel zäh.
Geruch: Schwach.
Geschmack: Anfangs mild, aber bald stark zusammenziehend, kratzend.
Wert: Ein sehr ergiebiger und schmackhafter Speisepilz (Marktpilz), der aber lange und intensiv (15–20 Minuten) gedünstet werden muß, da er in rohem Zustand gesundheitsschädlich ist. Ältere Exemplare sollte man vor dem Schmoren einmal aufwellen lassen und das Brühwasser fortschütten. Bei jungen Exemplaren ist dieses Verfahren nicht notwendig.
Vorkommen: Meist ab September auf Laub- und Nadelholzstümpfen und auf deren unterirdisch verlaufenden Wurzeln. Auch auf lebende Bäume (Obstbäume!) übergehend und diese bald zerstörend. Zwischen Holz und Rinde treibt er seine schwarzbraunen, mit weißem Mark gefüllten Stränge (Rhizomorphen), an den Wurzeln wandert er von Baum zu Baum.
Verwechslungsmöglichkeit: Mit dem Sparrigen Schüppling.

Sparriger Schüppling   nicht schmackhaft

Pholióta squarrósa (Pers. ex Fr.) Kummer

Hut: Kugelig bis kegelig, später ausgebreitet, bis 12 cm breit. Olivgelbbraun mit sparrig abstehenden, zurückgebogenen, braunen Schuppen.
Blätter: Olivgraugelblich bis bräunlich.
Stiel: Gelblich mit schuppigem Ring. Oberhalb des Ringes glatt, unterhalb wie der Hut mit sparrigen Schüppchen besetzt. Bis 15 cm hoch, gleichmäßig dick, oft gekrümmt.
Fleisch: Gelblich blaß.
Geruch: Rettichartig.
Geschmack: Rettichartig.
Wert: Wird nur von wenigen geschätzt.
Vorkommen: Meist an Laubholz, aber auch an Nadelhölzern, bevorzugt leider Obstbäume, die er zum Absterben bringt. August bis November.

Hallimasch
(oben)

Sparriger Schüppling
(unten)

Stockschwämmchen Speisepilz, Marktpilz

Kuehneromýces mutábilis (Schaeff. ex Fr.) Sing. et Smith

Allgemeine Kennzeichen: Kleiner, rasig bis büschelig wachsender, holzbewohnender, brauner Pilz.
Hut: Gelbbraun, anfangs kugelig, dann ausgebreitet, in der Mitte gebuckelt, die Randzone ist stets dunkler (wässrig durchzogen), dünnfleischig.
Blätter: Blaßbräunlich, später rotbräunlich, gedrängt, am Stiel etwas herablaufend.
Stiel: Dünn, verbogen, gleichmäßig dick. Oberhalb des sparrigen Ringes glatt, unterhalb dunkler geschuppt. Anfangs voll, später hohl, zäh, holzig.
Fleisch: Im Hut blaßbraun, im Stiel dunkler, riecht angenehm nach frisch gesägtem Holz, im Geschmack mild.
Wert: Vorzüglicher Speisepilz, Marktpilz.
Achtung, Verwechslungsgefahr!
Der Nadelholzhäubling, *Galerina marginata* (Batsch ex Srcr.) Kühner, kann leicht mit dem Stockschwämmchen verwechselt werden. Er ist tödlich giftig und wächst hauptsächlich auf Nadelholzstümpfen und auf Nadelholzrindenstücken. Er bevorzugt Mittelgebirge, kommt aber auch im Flachland in Baumschulen auf Nadelholzrindenstreu vor. Er hat einen rotbraunen bis goldbraunen Hut. Der recht dünne Stiel ist oberhalb des vergänglichen Ringes hell, unterhalb des Ringes **glatt**, rotbraun, oft silbrig überreift, nach unten hin dunkler, keulig verdickt. Er riecht und schmeckt nach Mehl! Die Vergiftung verläuft ähnlich wie beim Grünen Knollenblätterpilz.

Winterrübling, Samtfußrübling Speisepilz, Marktpilz

Flammulína velútipes (Curt ex Fr.) Karst

Allgemeine Kennzeichen: Ein kleiner bis mittelgroßer Pilz, im Winter an toten und lebenden Bäumen wachsend, bringt den Wirtsbaum zum Absterben, bevorzugt Laubbäume.
Hut: Goldgelb bis goldbraun, in der Mitte dunkler, anfangs kugelig, später flach ausgebreitet, speckig glänzend.
Blätter: Gelblichweiß bis goldgelblich, verschieden lang.
Fleisch: Blaßgelblich, anfangs sehr zart, riecht angenehm frisch.
Wert: Ein ausgezeichneter Speisepilz, der im tiefen Winter, Fröste überdauernd, köstliche Mahlzeiten liefert.

Nadelholzhäubling
(oben links)

Stockschwämmchen
(oben rechts)

Winterrübling
(unten)

Austernseitling

Pleurótus ostreátus (Jacq. ex Fr.) Kummer

Allgemeine Kennzeichen: Ein dachziegelartig angeordneter, an Laubgehölzen wachsender Pilz mit exzentrisch stehendem, kurzem, dickem, weißfilzigem Stiel.

Hut: Dunkel graublau, grau, gelbgrau bis ockerbräunlich. Einseitig trichterförmig bis flach spatelförmig mit stark eingerolltem Rand, sehr dickfleischig.

Blätter: Weiß, im Alter gelblich, gedrängt, am Stiel herablaufend.

Stiel: Weiß, filzig bis dickhaarig, kurz, dick, exzentrisch stehend, derb, zäh.

Fleisch: Weiß, weich, im Alter und zum Stielansatz hin zäh.

Geruch und **Geschmack:** Jung angenehm.

Wert: Ein ergiebiger und sehr wohlschmeckender Speisepilz, der um Weihnachten und Neujahr köstliche frische Pilzgerichte liefert. Doch sind nur junge Exemplare oder die Randzone größerer Hüte zum Dünsten brauchbar. Das Pilzfleisch muß unbedingt zerkleinert werden. Aus den zähfleischigen Teilen läßt sich eine würzig schmeckende Brühe herstellen.

Vorkommen: Hauptsächlich an Laubgehölzen in den Wintermonaten. Auch dieser Pilz übersteht Fröste und wächst an milden Tagen weiter. Er wird neuerdings vielfach kultiviert.

Austernseitling

Reifpilz, Zigeuner, Runzelschüppling

eßbar

Rozítes caperáta (Pers. ex Fr.) Karst. (syn. *Pholióta caperáta* (Pers. ex Fr.) Kummer)

Allgemeine Kennzeichen: Blaß ockergelber, mittelgroßer bis großer Pilz, in der Mitte mit violettweißem Reif.

Hut: Blaß ockergelb bis strohgelb. In der Mitte mit einem sehr feinen silbrigvioletten Reif (Reifpilz) bedeckt, der von einer Gesamthülle herstammt, die aber eigentlich niemals als solche sichtbar wird. Anfangs eiförmig, dann glockig bis flach aufschirmend, im Alter vom Rand nach der Mitte aufreißend, ausbrechend, sieht dann zerlumpt aus.

Blätter: Lehmgelblich, später vom Sporenstaub dunkler gefärbt, dichtstehend.

Stiel: Weißlich, seidig, feinwellig schimmernd, recht kräftig, gleichmäßig dick. Im Alter und beim Durchbrechen hobelspanähnlich zerschleißend, aufrollend, trägt einen weißlichen bis schmutzigen, häutigen, veränderlichen Ring. Stielgrund etwas knollig verdickt, voll.

Fleisch: Weißlichgelblich bis hellorange in der Hutmitte. Im Stiel längsfaserig.

Geruch: Schwach, angenehm.

Geschmack: Mild, angenehm.

Wert: Vorzüglicher Speisepilz, zu wenig bekannt! Fälschlich oft »Waldchampignon« genannt. Marktpilz.

Vorkommen: In Kiefernwäldern oft massenhaft. Juni bis Oktober.

Achtung! Spätexemplare des sehr giftigen Ziegelroten Rißpilzes (siehe S. 46), der im Mai und Frühsommer auftritt, können dem Reifpilz sehr ähnlich sehen! Der Ziegelrote Rißpilz reißt ebenfalls vom Hutrand zur Mitte auf und ist in der Farbe dem Reifpilz ähnlich, verfärbt sich aber beim Liegen und an Druckstellen ziegelrot.

Reifpilz, Zigeuner

Steinpilz, Herrenpilz

Bolétus edúlis Bull. ex Fr.

Allgemeine Kennzeichen: Gedrungener stattlicher Pilz mit schwarzbraunem bis fast weißem Hut.

Hut: Schwarzbraun, rotbraun, hellgraubraun, beigefarbig bis fast weiß, zum Rande hin oft heller werdend, manchmal weißlicher Saum. Fest, anfangs kugelig, später polsterförmig gewölbt. Huthaut nicht abziehbar. 10 bis 25 cm breit.

Röhren: In der Jugend weiß, nadelstichfein, dann hellgelb, grünlichgelb bis olivgrün mit größeren, aber noch immer recht feinen Röhrenmündungen. Bis 3 cm lang, vom Hutfleisch leicht ablösbar.

Stiel: Kugelig, keulenförmig bis walzenförmig. Stielspitze unter dem Hut deutlich weiß genetzt, besonders in der Jugend. Das Netz kann sich nach unten hin ausdehnen, verschwindet meist im Alter. Der Stiel ist weißlich, braun überhaucht oder hellbräunlich, weiß überhaucht. Bis 15 cm hoch, meist 3 bis 5 cm dick, kann aber auch wesentlich dicker werden.

Fleisch: Fest, kernig, im Alter schwammig.

Geruch: Angenehm obstartig.

Geschmack: Nußähnlich.

Wert: Neben dem Pfifferling wohl der beliebteste und begehrteste Speisepilz. Marktpilz. Besonders leicht verdauliches, hochwertiges Eiweiß!

Vorkommen: Im Nadel- und Laubwald. Juli bis Oktober, bisweilen schon im Mai. Es gibt vom Steinpilz mehrere Unterarten und andere selbständige Arten.

Verwechslungsmöglichkeit: Mit dem Gallenröhrling in der frühesten Jugendform. Der sehr bittere Gallenröhrling hat auf hellerem Stiel ein deutlich erkennbares dunkleres Netz und rosa Röhrchen. Freilich sind beim sehr jungen Gallenröhrling diese Kennzeichen nicht deutlich ausgeprägt, daher ist in Zweifelsfällen eine Kostprobe angebracht.

Steinpilz
(²/₃ *nat. Größe*)

Gallenröhrling, Bitterpilz   ungenießbar

Tylópilus félleus (Bull. ex Fr.) Karst. (syn. *Bolétus félleus* Bull. ex Fr.)

Allgemeine Kennzeichen: Kleiner bis mittelgroßer, steinpilzähnlicher Pilz mit hellem Hut.
Hut: Meist hell, seltener dunkel, bräunlich, meist ins Grau spielend. Anfangs kugelig, kernig, feinfilzig, später polsterförmig, 4 bis 12 cm breit, Oberhaut nicht abziehbar.
Röhren: Im frühen Jugendstadium weiß, bald zart rosa, im Alter mit leicht violettem Anflug, nach unten polsterförmig vorgewölbt. Bei Druck rötlich-braun fleckend. Vom Hutfleisch leicht ablösbar.
Stiel: Anfangs kugelig, dann keulig bis walzenförmig, schmutzig hell mit erhabenem, deutlich sichtbarem Netz, das in der frühen Jugend weiß sein kann, beim Anfassen und im Alter aber braunfleckig wird.
Fleisch: Weiß, kernig, später schwammig, im Alter hellbräunlich.
Geruch: Schwach.
Geschmack: Außerordentlich bitter, verliert sich nicht beim Zubereiten und Trocknen. Ein Exemplar kann ein Gericht verderben!
Wert: Ungenießbar.
Vorkommen: In Nadelwäldern, Juni bis Oktober.
Verwechslungsmöglichkeit: Mit dem Steinpilz und der Marone sehr häufige Verwechslung, aber nur im frühen Jugendstadium.

Marone   Speisepilz, Marktpilz

Xerócomus bádius (Fr.) Kühn. ex Gilb. (syn. *Bolétus bádius* Fr.)

Allgemeine Kennzeichen: Mittelgroßer Pilz mit meist dunkelbrauner Kappe.
Hut: Schwarzbraun, kastanienbraun (wie eine Eßkastanie – Marone – aussehend). Anfangs kugelig, später polsterförmig gewölbt, kernig. Feucht = etwas klebrig, trocken = feinfilzig bis kahl. 5 bis 15 cm breit.
Röhren: In der Jugend hellgelb, später grünlich, bei Druck blau fleckend. Beim jungen Pilz sehr kurz, später länger. Vom Fleisch leicht ablösbar.
Stiel: Gelblich, braun geflammt, 5 bis 12 cm hoch, walzenförmig, bei jungen Exemplaren auch bauchig, voll, längsfaserig, verbreitert sich bisweilen dicht unter dem Hut.
Fleisch: Weißlichgelblich, im Bruch leicht blauend, dann wieder verblassend. In der Jugend fest und kernig, im Alter gummiähnlich.
Wert: Ausgezeichneter Speisepilz (Marktpilz), auch zum Trocknen.
Vorkommen: Besonders häufig in sandigen Kiefernwäldern, zuweilen massenhaft, gerne in den Grasbüscheln der Drahtschmiele, dort mit dünnerem, zähfleischigem Stiel, nicht so kernig, schon frühzeitig etwas schwammig. Juli bis November, seltener auch schon im Juni.
Verwechslungsmöglichkeit: Mit dem bitteren Gallenröhrling, besonders im frühen Jugendstadium. Aber auch mit dem Hasen- oder Zimtröhrling *(Gyropórus castaneus)* kann die Marone verwechselt werden.

Gallenröhrling
(links)
(beide ¹/₂ nat. Größe)

Marone
(rechts)

Birkenpilz, Kapuziner Speisepilz, Marktpilz

Leccínum scábrum (Bull. ex Fr.) S. F. Gray (syn. *Bolétus scáber* Bull. ex Fr.)

Allgemeine Kennzeichen: Mittelgroßer Pilz mit brauner bis graubrauner Kappe auf schlankem Stiel, der Rotkappe ähnlich.

Hut: Anfangs kugelig, später polsterförmig, grau, graubraun, bräunlich, dunkel bis ganz hell, oft auch fast weiß, glatt, kahl; wenn feucht, etwas klebrig. Bis 12 cm breit.

Röhren: Jung fast weiß, später schmutzig grau, nach unten vorgewölbt, bei Druck braunfleckig werdend.

Stiel: Schlank, walzenförmig oder sich von unten nach oben verjüngend. Weißlich, recht dicht mit schwärzlichen Fasern und Schüppchen besetzt, die zuweilen schuppig abstehen (siehe Abbildung).

Fleisch: Weiß bis grauweiß, anfangs fest, später schwammig, bei Regen vollgesogen.

Geruch und **Geschmack:** Angenehm.

Wert: Jung schmackhaft (Marktpilz), ältere Exemplare weichlich schleimig. Beim Kochen schwarz werdend.

Vorkommen: In der Heide häufig unter Birken, in Mooren, lichten Laub- und Mischwäldern. Juni bis Oktober.

Verwechslungsmöglichkeit: Mit der braunen Form der Rotkappe.

Rotkappe Speisepilz, Marktpilz

Leccínum testaceoscabrum (Secr.) Sing. (syn. *Bolétus versipéllis* Fr., *Bolétus rúfus* Schaeff.)

Allgemeine Kennzeichen: Stattlicher Pilz mit gelbrotem, ziegelrotem bis rotbraunem Hut.

Hut: In leuchtenden heller bis dunkler rot-gelb-bräunlichen Farbtönen. Anfangs halbkugelig, später gewölbt, im Alter polsterförmig, am Rande mit hängendem bis umgeschlagenem Saum der Oberhaut, der bei jungen Exemplaren dem Stiel fest anliegt. 7 bis 20 cm breit.

Röhren: In der Jugend grauweiß, später schmutzig grünlichbräunlich, im Alter bis $3^1/_2$ cm lang, vom Stiel getrennt.

Stiel: Kräftig, gedrungen, walzenförmig, Rinde derb längsfaserig, beim Durchbrechen aufspleißend. Weißlich mit schwarzen, in Längsrichtung oder zackig angeordneten Flocken und Schüppchen, im Alter rinnig, riefig, voll, bis 15 cm hoch, an Druckstellen schwärzend. Am unteren Stielende bisweilen blaugrün überlaufen.

Fleisch: Fest, kernig, weiß bis grau, beim Kochen schwarz werdend.

Geruch und **Geschmack:** Angenehm.

Wert: Wohlschmeckender Speisepilz, ergiebig. Marktpilz.

Vorkommen: Oft in der Heide unter Birken, aber auch unter anderen Laubgehölzen (Zitterpappeln) oder Nadelgehölzen, häufig. Juni bis Oktober.

Verwechslungsmöglichkeit: Mit dem Birkenpilz.

Birkenpilz

(links)

Rotkappe

(rechts)

Kuhpilz eßbar

Suíllus bovínus (L. ex Fr.) O. Kuntze (syn. *Bolétus bovínus* (L. ex Fr.)
O. Kuntze (syn. *Ixócomus bovínus* (L. ex Fr.) Quél.)

Allgemeine Kennzeichen: Niedriger, mittelgroßer Pilz, oft in ganzen Fladen
zusammengeschlossen, gelbrötlich, auf verbogenen Stielen.
Hut: Hellgelblich mit rötlichem Ton, fast immer stark gewellt, gummiartig,
dünnfleischig, meistens klebrig, bei Regen schleimig.
Röhren: Kurz, anfangs olivgelblich, später olivgrünlich mit weiten, eckigen
Mündungen, die innen noch mehrfach fein unterteilt sind. Am Stiel herab-
laufend, angewachsen, vom Fleisch schwer zu trennen.
Stiel: Recht dünn, zäh, elastisch, wie der Hut gefärbt, meist verbogen, oft
büschelig zu mehreren zusammengewachsen.
Fleisch: Dünn, etwas zäh, gummiartig, gelblichrötlich, schwach blauend,
beim Kochen dunkel rötlich verfärbend.
Geruch und **Geschmack:** Fade.
Wert: Im Jugendstadium als Mischpilz verwendbar, sehr oft madig. Als
Viehfutter siliert oder (mit Maden) getrocknet und pulverisiert als Hühner-
futter für den Winter ergiebig, weil massenhaft vorkommend; kann biswei-
len mit der Sense geerntet werden!
Vorkommen: In Kiefernwäldern massenhaft. August bis Oktober.

Sandröhrling Speisepilz, Marktpilz

Suíllus variegátus (Sow. ex Fr.) O. Kuntze (syn. *Bolétus variegátus* (Sow. ex
Fr.) O. Kuntze (syn. *Ixócomus variegátus* (Sow. ex Fr.) Quél.)

Allgemeine Kennzeichen: Mittelgroßer, kerniger Pilz, sandfarbig, mit
zylindrischem Stiel und dunklen Röhrenmündungen.
Hut: Anfangs halbkugelig, später gewölbt, oft von großer Regelmäßigkeit,
Hutoberfläche mit feinen, dunkleren Schüppchen besetzt, trocken, stumpf.
6 bis 12 cm breit.
Röhren: Sehr feine, engstehende Röhrenmündungen, dunkel olivbräunlich,
später heller werdend; im Alter Röhrenmündungen wieder dunkler und
auch etwas größer, schwer vom Fleisch zu trennen.
Stiel: Walzenförmig, zylindrisch, ziemlich hell gelblich, fest, 5 bis 8 cm
hoch.
Fleisch: Blaß gelb, an Bruch- und Schnittstellen blauend, verblassend, fest.
Geruch: Säuerlich.
Geschmack: Mild.
Wert: Junge Pilze durchaus schmackhaft, gut im Mischgericht, leider häufig
madig, dann nur als Viehfutter zu verwerten!
Vorkommen: In sandigen Kiefernwäldern oft massenhaft. August bis
Oktober.

Kuhpilz
(oben)

Sandröhrling
(unten)

Ziegenlippe Speisepilz, Marktpilz

Xerócomus subtomentósus (L. ex Fr.) Quél. (syn. *Bolétus subtomentósus* L. ex Fr.)

Allgemeine Kennzeichen: Mittelgroßer Pilz auf schlankem, fast immer verbogenem Stiel mit olivem, filzigem Hut.

Hut: Anfangs kugelig, dann gewölbt, weichfilzig wie Wildleder, heller oder dunkler olivgrünlich-bräunlich. Bei Trockenheit Hutoberhaut feldrig zerrissen, an den Rißstellen bräunlich. 5 bis 12 cm breit.

Röhren: Leuchtend goldgelb, im Alter schmutzig gelb mit recht großen, eckigen Mündungen.

Stiel: Gleichmäßig dick, schlank, fast immer gekrümmt, hell gelblich, braun überlaufen, besonders am unteren Stielende.

Fleisch: Weißlich bis hell gelblich, weich, unter der Hutoberhaut bräunlich, nicht rot, mitunter schwach blauend. Im Alter schwammig.

Geruch: Obstartig.

Geschmack: Angenehm mild.

Wert: Junge Pilze sehr wohlschmeckend. Marktpilz.

Vorkommen: In Nadel- und Laubwäldern, an Wegrändern oft sogar im Gras versteckt. Juli bis Oktober.

Verwechslungsmöglichkeit: Mit dem Rotfußröhrling.

Rotfußröhrling Speisepilz, Marktpilz

Xerócomus chrysénteron (Bull. ex St. Am.) Quél. (syn. *Bolétus chrysénteron* Bull. ex St. Am.)

Allgemeine Kennzeichen: Mittelgroßer Pilz mit grünfilziger, feldrig aufreißender Oberhaut, die an den Rißstellen das Fleisch rotbraun bis karminrot durchscheinen läßt. Schlanker Stiel.

Hut: Kugelig bis polsterartig gewölbt. In der Jugend zuweilen fast schwarz, später olivgrün bis ockergrau. Oberhaut schon sehr früh feldrig aufreißend, in den Rissen purpurrot bis hellrötlich oder rötlichbraun. Auch in den Schneckenfraßstellen rot.

Röhren: Anfangs hellgelb, später bräunlichgelb bis olivgelb, an Druckstellen schmutzig blauend, Mündungen weit und eckig.

Stiel: Gelblich bis braungelblich, meistens von unten her purpurrot bis schwach rot geflammt oder überlaufen; fast immer gleichmäßig dick, zuweilen auch nach unten zu verdickt, häufig verbogen.

Fleisch: Weich, weißlich, unter der Hutoberhaut purpurn, karminrot bis blaßrot, an Schnittstellen leicht blauend.

Geruch und **Geschmack:** Wie bei der Ziegenlippe.

Wert: Junge Pilze schmackhaft (Marktpilz), wegen des weichen Fleisches nicht lange haltbar.

Vorkommen: In Nadel- und Laubwäldern häufig. Juli bis Oktober.

Verwechslungsmöglichkeit: Mit der verwandten Ziegenlippe.

Ziegenlippe
(oben)

Rotfußröhrling
(unten)

Butterpilz, Schälpilz

Suíllus lúteus (L. ex Fr.) S. F. Gray (syn. *Bolétus lúteus* L. ex Fr.)

Allgemeine Kennzeichen: Mittelgroßer, recht niedriger, goldbrauner bis dunkelbrauner Pilz mit deutlichem Ring am Stiel, hellgelben bis buttergelben Röhren und Schleimschicht auf dem Hut.

Hut: Anfangs halbkugelig bis kegelförmig mit eingezogenem Rand, später ausbreitend, aber lange mit kegeliger Mitte. Goldbraun bis gelbbraun, fein dunkel geflammt. In der Jugend von einem dicken Schleim völlig umschlossen. Später bei eingetrocknetem Schleim glatt, blank, feine Flammung gut sichtbar. Haut im ganzen abziehbar. 5 bis 10 cm breit.

Stiel: Gleichmäßig dick, gelblich. Trägt einen anfangs weißen, später bis schwarzvioletten nachgedunkelten Ring. Über dem Ring fein gekörnt.

Fleisch: Weich, hellgelb, nach Regen wäßrig, schnell verderblich.

Geruch: Obstartig.

Geschmack: Angenehm, leicht säuerlich.

Wert: Ein guter Speisepilz (Marktpilz), der aber von manchen Menschen nicht vertragen wird. Leicht verderblich, also schnell verbrauchen. Nicht alte, wäßrige Exemplare nehmen! Leider oft madig.

Vorkommen: Besonders in Kiefernwäldern, an grasigen Wegrändern, häufig. Juni bis Oktober.

Verwechslungsmöglichkeit: Mit dem Goldröhrling und dem Körnchenröhrling, beide eßbar.

Körnchenröhrling, Schmerling

Suíllus granulátus (L. ex Fr.) O. Kuntze (syn. *Bolétus granulátus* L. ex Fr.)

Allgemeine Kennzeichen: Mittelgroßer, ockerbräunlicher Pilz. In der Jugend mit Schleimschicht.

Hut: Anfangs kugelig bis kegelig mit eingerolltem Rand, später polsterförmig, gelbbräunlich bis strohbräunlich. Anfangs mit dicker Schleimschicht bedeckt, die später eintrocknet, dann glatt, glänzend. Bei Feuchtigkeit schleimig. Die Haut im ganzen abziehbar.

Röhren: Hellgelb, in der Jugend milchig weiße Tröpfchen ausscheidend.

Stiel: Hellgelb, recht kurz, gleichmäßig dick, bis 8 cm hoch. Ohne Ring. Im oberen Viertel mit bräunlichen kleinen Körnchen dicht besetzt (»Körnchenröhrling«).

Fleisch: Zart, weich, weißlichgelb, anfangs fest, später schwammig-wäßrig.

Geruch: Obstartig.

Geschmack: Mild.

Wert: Jung wohlschmeckend (Marktpilz), aber leicht verderblich.

Vorkommen: In sandigen Kiefernwäldern, aber auch auf Kalkboden. Juni bis Oktober.

Butterpilz
(oben)

Körnchenröhrling
(unten)

Goldröhrling Speisepilz, Marktpilz

Suillus grevíllei (Klotzsch) Sing. (syn. *Bolétus élegans* Schum. ex Fr.)

Allgemeine Kennzeichen: Mittelgroßer, leuchtend goldgelber, schmieriger Pilz auf schlankem Stiel mit becherförmig aufrecht stehender Manschette.

Hut: Kugelig bis gewölbt. Goldgelb mit einer Schleimschicht überzogen. Bei Trockenheit glatt, glänzend, bei Feuchtigkeit schmierig, glänzend, Hutoberhaut leicht abziehbar.

Röhren: Anfangs gelb, später olivbräunlich-graulich, am Stiel etwas herablaufend. In der Jugend von einem dicken, weißen Schleier bedeckt.

Stiel: Goldgelb, nach unten hin braunfleckig gemasert. Unter dem Hut fein rotbraun-flockig getupft. Weißer, aufwärts stehender Ring, der in der Jugend des Pilzes als dicker Schleier die Röhren bedeckt.

Fleisch: Weich, hellgelb, im Schnitt leicht bräunlich anlaufend, verblassend.

Geruch und **Geschmack:** Angenehm.

Wert: Sehr guter, wohlschmeckender Speisepilz (Marktpilz), aber leicht verderblich. Daher schnell zubereiten!

Vorkommen: Nur unter Lärchen in Wäldern und Parkanlagen, auch unter einzeln stehenden Bäumen. Ein charakteristischer Vertreter der symbiontisch lebenden Pilze, dessen Partner nur die Lärche ist.

Verwechslungsmöglichkeit: Mit anderen, dem Goldröhrling verwandten Röhrlingen, die aber nicht giftig sind, daher Verwechslung ungefährlich.

Goldröhrling

Netzstieliger Hexenpilz   eßbar, roh giftig

Bolétus lúridus Fr.

Allgemeine Kennzeichen: Stattlicher, olivbräunlicher, filziger Pilz mit roten Röhrenmündungen und genetztem Stiel.

Hut: Anfangs halbkugelig, später polsterförmig, dunkel bis hell olivgrünlich-bräunlich, wildlederartig, im Alter glatt.

Röhren: Gelblich bis grünlich mit orangeroten bis dunkelroten Mündungen, später das Rot verblassend und grünlich werdend. Bei Berührung blauschwarz fleckend.

Stiel: Anfangs kugelig, bauchig, später auch zylindrisch. Oben orangegelb, nach unten purpurn, mit deutlichem, grobem Netz. Im Alter der ganze Stiel zuweilen dunkelviolett.

Fleisch: Hellgelb, im Schnitt blauend, grünlich, dann verblassend. Am Stielgrund tief weinrot durchzogen.

Geruch: Schwach.

Geschmack: Mild.

Wert: In rohem Zustand giftig, ruft Verdauungsstörungen hervor. Gut durchgeschmort ist er ein wohlschmeckender, von vielen Liebhabern geschätzter Speisepilz, den man aber nicht mit Alkohol genießen soll. Einige Menschen sind jedoch gegen seinen Genuß empfindlich, wer ihn nicht verträgt, sollte ihn meiden.

Vorkommen: Unter Laubgehölzen in Wäldern und Parkanlagen, auch auf kalkhaltigem Boden, mitunter häufig. Juni bis Oktober.

Verwechslungsmöglichkeit: Er wird fast immer für einen Satanspilz gehalten, der aber nur auf Kalkboden vorkommt. Auch mit dem Flockenstieligen Hexenpilz, der aber kein Netz besitzt, kann er verwechselt werden.

Netzstieliger Hexenpilz
(¹/₂ *nat. Größe*)

Flockenstieliger Hexenpilz

Speisepilz, doch nicht roh! Marktpilz

Bolétus erýthropus Fr. (syn. *Bolétus miniatóporus* Secr.)

Allgemeine Kennzeichen: Prächtiger, sehr dunkler Pilz mit leuchtend roten Röhrenmündungen und rotgeschupptem Stiel.

Hut: Anfangs kugelig, später polsterförmig, meist dunkel braunschwarz, aber auch heller, olivbraun, filzig, samtig, trocken. 7 bis 20 cm im Durchmesser. Huthaut nicht abziehbar.

Röhren: Grünlichgelb mit leuchtend roten bis dunkelroten Mündungen. Bei Berührung schwarzblau fleckend.

Stiel: Kräftig, bauchig, keulenförmig bis zylindrisch. Grundfarbe gelb, rot geflockt, quergeschuppt, nicht genetzt, druckempfindlich.

Fleisch: Satt gelb, sehr stark blauend, später verblassend, derb, fest.

Geruch: Schwach.

Geschmack: Säuerlich.

Wert: Schmackhafter Speisepilz, aber roh giftig.

Vorkommen: In Laub- und Nadelwäldern. Mai bis November.

Verwechslungsmöglichkeit: Auch er wird oft für den Satanspilz gehalten, der aber einen fast weißen Hut hat. Ähnlich sind Dunkler Purpurröhrling (*Boletus purpureus* Fr.) und der giftige Wolfsröhrling (*Boletus lupinus* Fr.)

Flockenstieliger Hexenpilz
($^1/_2$ *nat. Größe*)

Satanspilz   giftig

Bolétus sátanas Lenz

Allgemeine Kennzeichen: Stattlicher Pilz mit heller Kappe, roten Röhren-mündungen und sehr dickbauchigem Stiel.

Hut: Anfangs halbkugelförmig, dann hoch polsterförmig, weißgrau mit zartgrünem Schimmer, Hutoberhaut nicht abziehbar, zuweilen grobfeldrig aufgerissen, feinfilzig. Bis 30 cm breit.

Röhren: Gelblichgrünlich, an den Mündungen anfangs blaß gelb, dann röt-lich bis leuchtend karminrot mit orangeroter Randzone. Im Alter schmutzig olivgrün, bei Druck grünblau fleckend, leicht ablösbar, recht kurz, später länger, bis 2,5 cm.

Stiel: Dickbauchig, goldgelb mit karminrotem, feinem Netz, in der Mitte zu karminroter Zone verdichtend.

Fleisch: Weißlich, nach Anschnitt schwach blauend, dann zart rötlich ver-färbend, später wieder verblassend. Anfangs kernig, später schwammig.

Geruch: Unangenehm.

Geschmack: Nußähnlich.

Wert: Giftig, in rohem Zustand sehr giftig, wirkt auf die Verdauungswege.

Vorkommen: Selten, nur auf anstehendem Kalkboden, im Laubwald (Bu-che). August bis September.

Verwechslungsmöglichkeit: Der Satanspilz wird mit den Hexenpilzen ver-wechselt, er unterscheidet sich aber von ihnen besonders durch seine grau-weiße Kappe.

Schönfußröhrling, Dickfußröhrling   ungenießbar

Bolétus cálopus Fr. (syn. *Bolétus páchypus* Fr.)

Allgemeine Kennzeichen: Heller Hut, bauchiger Stiel mit rötlichem bis weißem Netz auf rotem Grund.

Hut: Helloliv, lederfarbig, graugelblich, feinfilzig, kugelig mit eingerolltem Rand.

Röhren: Grüngelb, Mündungen sehr fein, hellgelb, bei Druck grünlich blauend.

Stiel: Bauchig, oben hellgelb, unten karminrot mit erhabenem, rötlichem bis weißem Netz. Bei Druck schwärzlich grün verfärbend.

Fleisch: Hellgelb, bei Anschnitt leicht blauend, aber wieder verblassend.

Geruch: Unangenehm fade, säuerlich. **Geschmack:** Bitter.

Wert: Ungenießbar, schwach giftig.

Vorkommen: Laub- und Nadelwälder, besonders im Gebirge, im Flachland selten. Juli bis Oktober.

Verwechslungsmöglichkeit: Er wird mit dem Satanspilz verwechselt, der aber rote Röhrenmündungen besitzt.

Satanspilz
(oben)

Schönfußröhrling
(unten)

Schwefelporling eßbar

Laetíporus sulphúreus (Bull. ex Fr.) Bond. & Sing. (syn. *Polýporus sulphúreus* Bull. ex Fr.)

Allgemeine Kennzeichen: Wulstig-knollig aus der Rinde lebender Bäume hervorbrechender, goldgelber Pilz, oft konsolenförmig an den Bäumen.

Fruchtkörper: Rötlichgelb, im Alter weißlichgelb, anfangs knollig aus dem Baum kommend, sich dann ausbreitend, fächerförmig übereinanderstehend. Die Fruchtkörper können sehr groß werden.

Poren: Sehr fein, dichtstehend, 2 bis 4 mm lang.

Fleisch: Anfangs gelb, dann heller werdend, im Alter weißlich. Beim jungen Pilz saftig und weich-bröckelig, im Alter hart und zäh-brüchig.

Geruch: Angenehm aromatisch.

Geschmack: Herb-säuerlich.

Wert: Ganz junge Fruchtkörper sind wohlschmeckend. Sie werden am besten in dünne Scheiben geschnitten, kurz abgebrüht und gebraten. Gut schmecken auch Bratklopse aus der in Salzwasser gekochten, abgetropften und fein gewiegten Pilzmasse.

Vorkommen: An fast allen Laubgehölzarten, besonders gern Weiden, aber auch Obstbäumen. Mai bis Oktober. Der Pilz ist ein arger Baumzerstörer, der das Kernholz zersetzt. Die von ihm befallenen Bäume sehen äußerlich ganz gesund aus. Eichen vermögen dem Schädling lange standzuhalten.

Leberpilz, Ochsenzunge eßbar

Fistulína hepática Schaeff. ex Fr.

Allgemeine Kennzeichen: Wie eine dunkelrote Zunge streckt sich dieser Pilz aus Buchen und Eichen.

Fruchtkörper: Anfangs orangerot, dann dunkel blutigrot, braunrot, zuletzt dunkelbraun. Sich zungenförmig oder auch leberförmig in Lappen übereinanderlegend, 3 bis 6 cm dick und eine Breite bis zu 30 cm und darüber erreichend. Feucht = schleimig, trocken = etwas klebrig.

Fruchtschicht: Die Unterseite des Fruchtkörpers sieht wie die Fruchtschicht eines Porlings aus. Dicht aneinandergedrängt stehen unzählige kleine Zapfen, die sich im Reifeprozeß öffnen und Röhren bilden. Die Röhrenmündungen sind hellgelb, an Druckstellen rötend, im Alter bräunlich werdend. Bisweilen sondern sie klare, rote Tropfen ab.

Stiel: Nur angedeutet, in den Fruchtkörper übergehend.

Fleisch: Blutigrot, sehr saftig. Beim Anschnitt tropft der rötliche, klare Saft reichlich heraus. Das Fleisch ist mit längsfaserigen Streifen durchzogen. Läßt sich wie richtiges Fleisch der Faserung nach auseinanderlösen. Schmeckt säuerlich.

Wert: Paniert gebraten schmackhaft. Marktpilz. Fruchtkörper, die an Buchen wachsen, schmecken besser als solche von Eichen.

Vorkommen: An Eichen und Buchen. August bis Oktober.

Schwefelporling
(oben)
(beide ¹/₂ nat. Größe)

Leberpilz
(unten)

Schuppiger Schwarzfußporling

jung genießbar

Polýporus squamósus (Huds. ex Fr.) Fr.

Hut: Flach fächerförmig, aber auch trichterförmig, seitlich gestielt, blaß ockergelblich mit recht breiten, anliegenden, braunen, fransigen Schuppen besetzt, die in mehr oder weniger konzentrischen Kreisen angeordnet sind. Bis 30 cm breit.

Röhrenschicht: Kurz, blaß gelblich, am Stiel weit herablaufend, fest mit dem Hut verwachsen.

Poren: Eckig bis zerschlitzt, ungleich groß, anfangs fein, blaß gelb.

Stiel: Recht kurz und kräftig, sich in den Hut hinein verbreiternd, weißlich-gelblich zur Basis hin dunkelbraun bis schwarzbraun, bis 8 cm lang und etwa 3 cm dick.

Fleisch: Weißlich, anfangs ziemlich weich, doch bald zäh bis holzig, am Rande länger weich bleibend.

Geruch: Solange der Pilz noch jung ist, angenehm gurkenartig.

Geschmack: Mild.

Wert: Wenn der Pilz noch ganz jung und das Fleisch weich ist, kann man ihn feingehackt zu Klopsen verarbeiten, außerdem ergibt er eine ausgezeichnet schmeckende Brühe.

Vorkommen: An Laubgehölzen, mit Vorliebe an Spitzahorn und Ulmen. Meist mehrere Exemplare dachziegelartig übereinander wachsend. Mai bis Oktober.

Er ist ein gefährlicher Holzzerstörer, der gesunde Bäume befällt und sie in wenigen Jahren zum Absterben bringt.

Verwechslungsmöglichkeit: Auf der Hutoberseite hat er große Ähnlichkeit mit dem Schuppigen Sägeblättling *(Lentinus lepideus)*, der jedoch auf der Hutunterseite keine Poren, sondern Blätter hat.

Schuppiger Schwarzfußporling

Echter Zunderschwamm   ungenießbar

Fómes (Polýporus) fomentárius (L. ex Fr.) Kicky

Allgemeine Kennzeichen: Ein ansehnlicher grauer, gedrungener, hufförmiger Pilz an Buchen oder Birken.
Fruchtkörper: Dick, kompakt-konsolenförmig, mehr hufförmig, manchmal höher als breit, kann 40 cm im Durchmesser erreichen. Hellgrau, rußiggrau bis schwärzlich. Die Oberseite ist durch konzentrisch verlaufende Wülste bzw. Furchen gegliedert. Jeder Wulst repräsentiert ein Wachstumsjahr, so daß man an der Zahl der Wülste das Alter des Pilzes ablesen kann, der Randwulst, also der jüngste, ist roströtlich, wird im nächsten Jahr graubraun und dann grau. Er hat eine sehr harte, glanzlose Rinde, unter der sich eine zähe, flockig-weiche, rostbraune, trockene Schicht befindet. Sie wurde früher nach Vorbehandlung zum Feuermachen benutzt und dient heute in manchen Ländern kunsthandwerklichen Zwecken. Mützen, Täschchen u. a. m. werden aus dem weichen, wie Wildleder oder Filz anmutenden Material hergestellt.
Röhren: Auf der Unterseite des Fruchtkörpers befindet sich die Röhrenschicht. Jedes Jahr bildet sich eine neue Schicht, die mit der alten fest verwächst. Die Röhren sind sehr hart, die Röhrenmündungen sehr fein und weißlichgrau bereift. Später werden sie auch rotbraun. Wenn man den Hut von oben nach unten durchsägt, kann man an der Zahl der Röhrenschichten das Alter des Pilzes wohl noch besser feststellen als nach der Anzahl der Wülste.
Vorkommen: An Buchen und Birken, das ganze Jahr hindurch, kann ein Alter von vielen Jahren erreichen. Ist ein arger Holzzerstörer. Das von ihm befallene Holz wird sehr leicht und brüchig.
Verwechslungsmöglichkeit: Mit dem Derben Korkporling (*Phellínus robústus* (P. Karst.) Bourd. et Galz.) Er ist dem Echten Zunderschwamm sehr ähnlich, ist ganz besonders schwer und wächst hauptsächlich an Eichen. Außerdem ist der Falsche Zunderschwamm recht ähnlich (siehe unten).

Feuerschwamm, Falscher Zunderschwamm   ungenießbar

Phellínus (Polýporus) igniárius (L. ex Fr.) Quél.

Fruchtkörper: Im frühen Jugendstadium rostbräunlich, feinfilzig, später schwärzlichbraun, glatt und stumpf, mit konzentrisch verlaufenden Wülsten. Die äußerst harte Rinde zeigt radial verlaufende Risse. Substanz unter der Rinde sehr hart, braun.
Röhren: Mehrschichtig, sehr hart, zimtbraun, Mündungen grauweiß bereift.
Vorkommen: Mit Vorliebe an Pappeln und Weiden, aber auch an Apfel- und Pflaumenbäumen. Ein gefährlicher Holzzerstörer, der die Bäume zum Absterben bringt.

Echter Zunderschwamm

(oben)

**Falscher Zunderschwamm,
Feuerschwamm**

(unten)

Bärentatze, Rötliche Koralle eßbar

Ramária botrýtis Pers. ex Fr.

Allgemeine Kennzeichen: Weißlichgelber, gedrungen wachsender Korallenpilz mit rötlichen Spitzen.
Fruchtkörper: Entspringt einem kurzen, weißlichen, kräftigen Strunk, der am Grunde oft zugespitzt ist. Verzweigt sich in viele aufrecht stehende, schmutzig gelblichweiße Äste, deren feine, korallenartig zerteilte, kurz gestutzte Spitzen hellrötlich sind und dicht gedrängt stehen.
Fleisch: Weißlich bis gelblich, in den Spitzen rötlich. Zart, brüchig, mild.
Wert: Ein sehr schmackhafter und ergiebiger Pilz.
Vorkommen: In Laubwäldern, besonders unter Buchen. Juli bis Oktober.
Anmerkung. Zu den Korallenpilzen oder Ziegenbärten gehört eine ganze Anzahl verschiedener Arten, von denen einige eßbar, aber viele auch ungenießbar oder giftig sind. Bei den Korallenpilzen stellt, bezüglich ihrer Eßbarkeit, Hermann Jahn in seinem Buch »Pilze rundum« folgende Faustregel auf: »1. Weiße Korallen sind eßbar, besonders solche mit roten und zerschlitzten Zweigspitzen. 2. Von den gelben Korallen sind nur die gleichmäßig gelb gefärbten Arten eßbar, nicht aber die, bei denen die Zweigspitzen anders gefärbt sind als die Äste. 3. Schmutzfarbene, gelbgrüne oder bräunliche sowie bitter schmeckende Arten und ältere Korallen aller Art sind zu meiden.«

Krause Glucke Speisepilz, Marktpilz

Sparássis críspa Wulf. ex Fr.

Allgemeine Kennzeichen: Ein oft kopfgroßer, hell ockergelblicher, kleinlappiger Fruchtkörper, der wie ein echter Badeschwamm aussieht.
Fruchtkörper: Anfangs weißlichockergelb, dann etwas dunkler, im Alter bräunlich. Der Fruchtkörper besteht aus einem strunkähnlichen Stiel, der sich über der Erde in unzählige Verästelungen teilt, die an ihren Enden abgeflachte, wellig verbogene, krause Lappen bilden, die mit der sporentragenden Fruchtschicht überzogen sind.
Fleisch: Wachsartig, weiß, sehr brüchig.
Geruch: Stark aromatisch. **Geschmack:** Nußähnlich.
Wert: Nur jung eßbar. Ein wohlschmeckender Speisepilz. Marktpilz. Jedoch ist manchen Pilzfreunden der Geruch lästig.
Vorkommen: Am Fuß alter Kiefern oder Kiefernstubben. Der Pilz sieht von weitem wie eine aufgeplusterte Glucke aus. Er kann ein riesenhaftes Format und ein Gewicht von mehreren Kilogramm erreichen. Beim Einernten muß er vom tief aus der Erde kommenden Strunk abgeschnitten werden. Juli bis November oder Dezember.

Bärentatze
(oben)

Krause Glucke
(unten)

Schöne Koralle, Dreifarbige Koralle   giftig

Ramária formósa (Pers. ex Fr.) Quél.

Fruchtkörper entspringt einem kräftigen Strunk, der anfangs fleischrötlich ist, aber bald weißlich wird. Verzweigungen sind zart orangerosa, die verästelten Spitzen zitronengelb. Im Alter kann der Pilz mehr oder weniger gleichfarbig ockergelb bis ockerbräunlich werden. Bis 12 cm hoch. Fleisch ist zart, bei Druck etwas rötend, trocken, mit bitterem Geschmack. Kommt in Laub- und Nadelwäldern, besonders unter Buchen, nicht häufig von August bis Oktober vor. Kann mit Zitronengelber Koralle verwechselt werden.

Zitronengelbe Koralle   bedingt eßbar

Ramária fláva (Schaeff. ex Fr.) Quél. (syn. *Clavária fláva* Schaeff. ex Fr.)

Fruchtkörper wie beim vorigen Pilz einem kräftigen Strunk entspringend. Der ganze Pilz ist zitronengelb oder goldgelb, seine korallenstockähnlichen Verzweigungen sind dicht gedrängt, rund und glatt. Der Pilz sieht fast wie geschoren aus, so gleichmäßig lang sind seine Ästchen, die angedeutet zweiteilig enden. Der Strunk ist bei Berührung rotfleckend, jedoch soll nach Michael-Hennig im Tiefland dieses Merkmal meist fehlen. Bis 12 cm hoch. Fleisch ist weiß, zart und brüchig, wässerig durchzogen mit angenehmem Geruch und Geschmack, im Alter jedoch auch bitter. Pilz ist jung eßbar, im Alter kann er Verdauungsstörungen hervorrufen. Kommt in Laub- und Nadelwäldern, nicht selten von Juli bis Oktober vor.

Blasse Koralle, Bauchwehkoralle   giftig

Ramária máirei Donk (syn. *Clavária pállida* Schaeff. ex Fr.)

Fruchtkörper einem nicht sehr kräftigen Strunk entspringend, reich verzweigt. Strunk am Grund weißlich, sonst gleichmäßig graugelb, blaß schmutzigocker oder fleischfarben mit lila Spitzen. 12 cm hoch. Fleisch ist weißlich, trocken, seifenartiger Geruch, bitterlicher Geschmack. Kommt auf Kalk, unter Buchen und Fichten von August bis September vor.

Grünliche Koralle, Fichtenkoralle   ungenießbar

Ramária ochráceo-vírens (Junghuhn) Donk (syn. *Cl. abiétina* Pers.)

Eine recht kleine grüngrauliche bis olivgrünliche Koralle, die auf faulenden Holzteilen in Nadelwäldern häufig ist.

Schöne Koralle	Zitronengelbe Koralle	Blasse Koralle, Bauchwehkoralle	Grünliche Koralle
(links oben)	*(Mitte rechts)*	*(links unten)*	*(rechts unten)*

Kartoffelbovist giftig

Sclerodérma vulgáre Horn. (syn. *Scleroderma auránfium* (L.) ex Pers.)

Allgemeine Kennzeichen: Knolliger bis kugeliger Fruchtkörper, der einer Kartoffel sehr ähnlich sehen kann, mit derben Myzelfasern »bewurzelt«.
Fruchtkörper: Unregelmäßig knollig, schmutzig weißlichocker mit feldrig aufgerissener Oberfläche. Die Schollen der äußeren zerrissenen Haut sind dunkler als die darunter befindliche Haut. Die Gesamthülle ist bis zu 3 mm dick, lederartig, derb. Durchmesser des Fruchtkörpers 3 bis 10 cm.
Fruchtmasse: Bei ganz jungen Pilzen zunächst fast weiß, dann weißlichgrau, später violettgrau und schließlich schwarzviolett, mit weißen Adern durchzogen. Lange fest, hart, allmählich in grauolive Flocken zerfallend. Die derbe Haut reißt oben unregelmäßig auf und entläßt bei äußerer Stoßeinwirkung den dunkeloliven Sporenstaub.
Geruch: Widerlich, stechend.
Wert: Giftig, bewirkt Schwindel, Erbrechen, Ohnmacht.
Vorkommen: Truppweise auf Heiden, an sandigen Wegen, Triften, häufig. Juli bis Oktober.

Eierbovist, Schwärzender Bovist jung eßbar

Bovísta nigréscens Pers.

Allgemeine Kennzeichen: Kugeliger, weißer Fruchtkörper, einem Hühnerei ähnlich.
Fruchtkörper: Fast kugelrund, unten abgeplattet, mit derben, wurzelähnlichen Myzelteilen. Die weiße Außenhaut ist glatt, bröckelt bei fortschreitender Reife ab und hinterläßt eine glatte, papierähnliche, dünne, aber feste, dunklere, allmählich schwarz werdende Innenhaut, die die Sporenmasse umschließt. Durchmesser des Fruchtkörpers 3 bis 6 cm.
Fruchtmasse: Anfangs rein weiß, elastisch-fest, trocken, später gilbend, feucht, schließlich olivbraun bis schwarz, zu Staub zerfallend, der durch die oben aufreißende papierähnliche Hülle bei äußerer Berührung hinausfliegt.
Geruch: Obstartig.
Geschmack: Schwach.
Wert: Solange innen noch rein weiß, ein hervorragender Speisepilz. In dünne Scheiben geschnitten knusprig braten! Kann auch sehr gut zu Suppen verwendet werden, enthält hochwertiges Eiweiß.
Vorkommen: Auf Weiden, Wiesen und Wegen. Mai bis November.
Verwechslungsmöglichkeit: Mit ganz jungen Kartoffelbovisten, doch diese sind innen schnitthart (wie rohe Kartoffel); der Eierbovist dagegen ist beim Schneiden immer elastisch.

Kartoffelbovist
(oben)

Schwärzender Bovist, Eierbovist
(unten)

Flaschenbovist

jung eßbar

Lycopérdon perlátum Pers.

Allgemeine Kennzeichen: Umgekehrt flaschenförmiger Fruchtkörper bis 10 cm hoch.

Fruchtkörper: Kugelig, auf nach unten verjüngtem, in den Fruchtkörper überleitendem stielähnlichem Basalteil. Dicht mit feinen, zarten Stacheln und Wärzchen besetzt, die leicht abwischbar sind. Im Alter wird die Gesamthülle dunkel pergamentartig, reißt am Scheitel mit kleiner runder Öffnung auf und entläßt schon bei der kleinsten Berührung den Sporenstaub.

Fruchtmasse: Anfangs weiß, elastisch, trocken markig, dann gilbend, braun bis schwarzbraun, zerfallend.

Wert: Wie alle Vertreter der Familie Weichboviste *(Lycoperdáceae)* im Jugendstadium wertvoller Speisepilz mit besonders hohem Eiweißgehalt. Die Weichboviste müssen sofort nach dem Einernten verbraucht werden, da der Reifungsprozeß der Sporenmasse schnell vonstatten geht und die Pilze ungenießbar werden, wenn die Innenmasse anfängt zu gilben.

Vorkommen: Der Flaschenbovist ist sehr verbreitet auf Wiesen und Weiden, an Wegrändern und auch in lichten Baumbeständen. Juni bis November.

Anmerkung. Zu den Weichbovisten gehört u.a. auch der Riesenbovist (*Langermánnia gigantéa* (Batsch ex Pec.) Rostk. (syn. *Lycopérdon máximum* Schaeff. ex Pers.), der die Größe eines Kürbisses erreichen kann.

Hasenbovist

jung eßbar

Calvátia utrifórmis (Bull. ex Pers.) Jaap (syn. *Calvátia caeláta* (Bull. ex Vitt) Morgan)

Allgemeine Kennzeichen: Recht großer, heller, kugeliger Fruchtkörper auf kräftigem, stielähnlichem Basalteil.

Fruchtkörper: Kugelig, weiß bis graulich, feinfilzig bis glatt, in Felder aufreißend, die dann wie kleine Pyramiden aussehen, auf einem kräftigen, in den Fruchtkörper überleitenden stielähnlichen Basalteil. 10 bis 15 cm Durchmesser und ebenso hoch. Im Alter zerfällt der obere Teil der Gesamthülle. Es bleibt ein becherförmiges Gebilde mit vielfach eingerissenem Rand übrig. Dieser Rest des Pilzes, aus dem die Sporen durch Stoßeinwirkung herausgeflogen sind, wird vom Wind über Weideflächen, Wiesen und Felder getrieben.

Fruchtmasse: Anfangs elastisch, weiß, allmählich gilbend, zuletzt in dunkelbraunen Staub zerfallend.

Wert: Solange innen noch rein weiß, ein vorzüglicher Speisepilz; Zubereitung wie beim Eierbovist.

Vorkommen: Viehweiden, Triften, nicht selten. Sommer bis Herbst.

Flaschenbovist

(oben)

Hasenbovist

(unten)

Stinkmorchel   als Hexenei eßbar

Phállus impudícus L. ex Pers.

Allgemeine Kennzeichen: Schon ehe er den Pilz sieht, bemerkt der Kenner den typischen Aasgeruch der Stinkmorchel. Sie besteht aus einer weißen, schlanken Säule, auf deren Spitze eine grüne Kappe sitzt.

Fruchtkörper: Der bereits fertig vorgebildete Pilz befindet sich im Jugendstadium zusammengedrängt in einer eiförmigen weißen Hülle, die außer dem Pilz auch noch eine Gallertmasse enthält (siehe Abbildung). Meistens sind diese »Hexeneier« in altem Laub und Humus verborgen. Beim Reifen der Sporenmasse reißt die Eihaut auf, und unglaublich schnell schiebt sich der anfangs kleine, kernige Stiel bis zu 20 cm in die Höhe, wobei die Eihaut am Stielgrunde als häutige Hülltasche zurückbleibt. Auf dem Stiel sitzt ein wabenartig gekammertes Käppchen, das den grünen Sporenschleim trägt. Durch den durchdringenden Aasgeruch werden verschiedene Insekten angelockt, die den tropfenden Schleim verzehren und dadurch die Sporen weit verbreiten.

Stiel: Der hohe, säulenförmige Stiel, der sich nach oben hin verjüngt, ist hohl, zartwandig gekammert, sehr zerbrechlich wie ein Gebilde von allerzartestem Porzellan. Wenn der Schleim abgetropft und aufgefressen ist, bleibt das weißliche, nackte, zarte Hütchen zurück, das durch seine morchelähnliche Struktur dem Pilz den Namen »Morchel« gegeben hat, obgleich er mit den echten Morcheln nicht verwandt ist. Der straffe Stiel wird dann schlaff, neigt sich zur Erde, um dort zu vergehen.

Geruch: Aasähnlich, süßlich, widerlich.

Geschmack: Das »Hexenei« schmeckt rettichähnlich.

Wert: Das »Hexenei« ist gebraten eine Delikatesse.

Vorkommen: Überall in Parkanlagen, Gebüschen und Mischwäldern, aber auch im reinen Fichtenwald.

Verwechslungsmöglichkeit: Besteht nicht, der Pilz ist einmalig, hat aber eine Reihe von sehr interessanten, farbenprächtigen Verwandten, die z. T. in letzter Zeit in Mitteleuropa gefunden wurden.

Stinkmorchel

Frühjahrslorchel sehr giftig

Gyromítra esculénta (Pers. ex Fr.) Fr. (syn. *Helvélla esculénta* Pers. ex Fr.)

Allgemeine Kennzeichen: Dunkelbrauner, kleiner bis mittelgroßer, gedrungener Pilz mit gekröse- bis hirnartigen Wülsten und Windungen.
Hut: Bis kinderfaustgroß, dunkelbraun, schwarzbraun und rotbraun, seltener heller ockerbraungelb. Stark gewulstet, gewunden. Die Konsistenz ist wachsartig, bröcklig, zerbrechlich. Innen wachsartig, weißlich, hohl. Die gesamte gewundene Hutoberfläche trägt die Fruchtschicht. Die Sporen werden in »Schläuchen« gebildet und im Reifezustand bei trockener Wärme stoßweise in kleinen Wölkchen ausgeschleudert.
Stiel: Verästelt gefurcht, zart gelblichgrau, zartkörnig violett bereift, zerbrechlich, innen gekammert bis hohl.
Geruch: Angenehm würzig.
Geschmack: Angenehm.
Wert: Ein gefährlicher Giftpilz, der früher viel gegessen wurde, aber in jedem Jahr schwere Vergiftungen, ja häufig Todesfälle verursachte. Giftanreicherung vielleicht in jedem Exemplar verschieden! Selbst nach Abkochen und Fortschütten des Kochwassers kommt es immer wieder zu tödlichen Vergiftungen. – Die Lorchel wird immer noch von Besserwissern »Morchel« genannt und als solche gehandelt. Wer sie verkauft, macht sich strafbar und kann unter Umständen wegen fahrlässiger Tötung belangt werden. – Die Vergiftung verläuft bis zu einem gewissen Grade wie die durch den Grünen Knollenblätterpilz hervorgerufene. Auch sie tritt häufig erst nach vielen Stunden in Erscheinung und bewirkt profusen Brechdurchfall. Auch bei dieser Vergiftung werden Leber und Kreislauf schwer geschädigt. Schnellste Krankenhausbehandlung ist am Platz (s. S. 15).
Vorkommen: In trocknen Kiefernwäldern, jungen Kiefernschonungen, auf alten Brandstellen. März, April bis Anfang Mai.
Achtung! Verwechslungsmöglichkeit mit der Speisemorchel.

Speisemorchel Speisepilz, Marktpilz

Morchélla esculénta Pers. ex St. Amans

Allgemeine Kennzeichen: Ovaler, kleiner bis mittelgroßer Fruchtkörper, Oberfläche wabenartig gekammert, ockergelb.
Hut: Klein bis mittelgroß, eiförmig bis kugelig, zuerst hell graugelb, später ockerbräunlichgelblich. Oberfläche wabenartig grubig gegliedert, wachsartig zerbrechlich. Innen hohl, weißlichgelblich.
Stiel: Hell gelblichweißlich, unten verdickt, ästig gefurcht, kleiig überreift, zerbrechlich, hohl.
Geruch und **Geschmack:** Angenehm würzig.
Wert: Ausgezeichneter Speisepilz. Marktpilz.
Vorkommen: In Parkanlagen, in Auwäldern und auf Bauschutt (in Ruinengrundstücken), liebt guten Boden. April bis Mai.

136

Frühjahrslorchel
(links)

Speisemorchel
(rechts)

Herbstlorchel, Krause Lorchel eßbar

Helvélla críspa Scopoli ex Fr.

Allgemeine Kennzeichen: Ein gelblichweißer, gelappter, eigenartig geformter Pilz.

Fruchtkörper: Der »Hut« ist bizarr gestaltet, breit gelappt, gewulstet und verbogen, gekraust, eingezogen und gebläht, in Zipfeln ausgezogen und abgerundet. Der Fruchtkörper ist meist bis 3 cm hoch und breit, kann aber auch größer sein, weißlich bis hellgelblich, zerbrechlich.

Stiel: Er kann ganz kurz sein, aber auch eine Höhe von mehr als 8 cm erreichen, auch er hat eine eigentümliche Form und Struktur. Er ist unregelmäßig längsfurchig-grubig, breitwulstig gerippt, zum Hut hin verschmälert, etwas bauchig und zur Stielbasis hin wiederum schmaler, innen rohrig gekammert, zart grauweißlich bis weiß.

Fleisch: Wächsern brüchig.

Geruch und **Geschmack:** Nicht unangenehm, solangé der Pilz frisch und jung ist.

Wert: Eßbar, muß jedoch fein gewiegt werden, weil sonst zu zäh. Vor der endgültigen Zubereitung abbrühen, damit der bisweilen vorhandene erdige Geruch und Geschmack beseitigt werden.

Vorkommen: In Laub- und Mischwäldern, zwischen Laub und Gras, an Wegrändern und in kleinen Einsenkungen, man findet bisweilen ganz kleine, aber auch außerordentlich große Exemplare, häufig. August bis November, mitunter auch schon im Frühjahr.

Grubenlorchel eßbar

Helvélla lacunósa Afz. ex Fr.

Der Hut der dem obengenannten Pilz ähnlichen Lorchel ist dunkelgrau, graubraun bis schwarzbraun, der Stiel in etwa demselben Farbton, jedoch heller, kantig gerippt und gerillt, tief längsfurchig bis queradrig, nach unten zu verbreitert. Das Fleisch ist weißlich bis grau, dünn und zerbrechlich, es hat weder einen besonderen Geruch noch Geschmack.

Die Grubenlorchel kommt in fast allen Wäldern vor, sie wächst im Gras und ist je nach Bodenbeschaffenheit klein oder von ansehnlicher Größe. Sie ist häufig von Juli bis September.

Herbstlorchel
(links und Mitte)

Grubenlorchel
(rechts)

Register der deutschen und wissenschaftlichen Pilznamen

Die fettgedruckten Zahlen weisen auf die ausführliche Beschreibung hin

Agaricus arvensis 30
Agaricus campester 30
Agaricus placomyces 32
Agaricus silvaticus 32
Agaricus xanthodermus 30
Amanita 15, **18**, **19**
Amanita citrina 6, **18**, **22**
Amanita muscaria 8, 14, **19**, **24**
Amanita muscaria var. *formosa* 24
Amanita muscaria subsp. *regalis* 14, 24
Amanita pantherina 14, **19**, 26, **28**
Amanita phalloides 6, 7, 8, 15, **18**, **20**, 136
Amanita phalloides var. *verna* 20
Amanita rubescens 14, 15, 19, **26**
Amanita spissa 14, 15, **19**, **28**
Amanita verna 20
Amanita virosa 20
Anisegerling **30**
Anistrichterling, Grüner 66, **74**
Apfeltäubling **44**
Armillariella mellea 11, **92**
Ascomyzeten 5
Austernseitling 11, **96**

Bärentatze **126**
Basidiomyzeten 5
Birkenmilchling 62
Birkenpilz **104**
Birkentäubling, Grüner **40**
Bitterpilz **102**
Blättling, Säge- **122**
Blutegerling, Kleiner **32**
Blutreizker **62**
Boletus badius **102**
Boletus bovinus **106**
Boletus calopus **118**
Boletus chrysenteron **108**
Boletus edulis 11, 12, **100**
Boletus elegans 110, **112**
Boletus erythropus **116**
Boletus felleus 100, **102**
Boletus granulatus **110**
Boletus lupinus 116
Boletus luridus 114, 116

Boletus luteus **110**
Boletus miniatoporus **116**
Boletus pachypus **118**
Boletus purpureus 116
Boletus rufus **104**
Boletus satanas 10, 13, 114, 116, **118**
Boletus scaber **104**
Boletus subtomentosus **108**
Boletus variegatus **106**
Boletus versipellis **104**
Bovista nigrescens **130**
Bovist, Eier- **130**
Bovist, Flaschen- **132**
Bovist, Hasen- **132**
Bovist, Kartoffel- **130**
Bovist, Schwärzender **130**
Boviste 5
Brätling **60**
Brauner Fliegenpilz **24**
Brotpilz **88**
Bruchreizker **64**
Butterpilz **110**

Calocybe gambosa 14, **46**
Calvatia caelata **132**
Calvatia utriformis **132**
Cantharellus cibarius 10, 11, **82**
Champignon 7, 11, 14
Champignon, Echter Wald- **32**
Champignon, Perlhuhn- **32**
Champignon, Schaf- **30**
Champignon, Wiesen- **30**
Clavaria abietina **128**
Clavaria flava **128**
Clavaria pallida **128**
Clitocybe clavipes **74**
Clitocybe dealbata 14
Clitocybe gibba **76**
Clitocybe infundibuliformis **76**
Clitocybe inversa **76**
Clitocybe nebularis 11, **72**
Clitocybe odora 66, **74**
Clitocybe rivulosa **76**
Collybia asema **78**
Collybia butyracea **78**
Collybia dryophila **78**

Collybia maculata **80**
Collybia radicata **80**
Collybia velutipes **94**
Coprinus atramentarius **36**
Coprinus comatus **36**
Cortinarius armillatus **88**
Cortinarius mucosus **88**
Cortinarius traganus 52

Dickfuß, Lila 52
Dickfußröhrling **118**

Echter Reizker **62**
Echter Ritterling **50**
Echter Waldchampignon **32**
Echter Zunderschwamm **124**
Edelreizker **62**
Egerling, Anis- **30**
Egerling, Feinschuppiger Gift- **32**
Egerling, Feld- **30**
Egerling, Kleiner Blut- **32**
Egerling, Weißer Gift- **32**
Eierbovist **130**
Empfindlicher Krempling **84**
Entoloma lividum **70**
Erdritterling, Mäusegrauer **48**
Erdschieber **68**
Erdschiebertäubling **68**

Falscher Pfifferling **82**
Falscher Zunderschwamm **124**
Faltentintling, Grauer **36**
Faserkopf, Ziegelroter **46**
Feinschuppiger Giftegerling **32**
Feldegerling **30**
Feldtrichterling, Weißer 14
Feuerschwamm **124**
Fistulina hepatica **120**
Flammulina velutipes 11, **94**
Flaschenbovist **132**
Fliegenpilz 8, 14, **24**
Fliegenpilz, Brauner 14
Fomes fomentarius **124**
Flockenstieliger Hexenpilz **116**
Frauentäubling **40**
Frostrasling **58**
Frostschneckling 11
Frühjahrslorchel 10, 15, **136**

Gallenröhrling 6, 100, **102**
Gedrungener Wulstling **19**, **28**
Gelblicher Knollenblätterpilz **22**

Geschmückter Gürtelfuß **88**
Giftegerling, Feinschuppiger **32**
Giftegerling, Weißer **30**
Glucke, Krause **126**
Goldröhrling 10, **112**
Grauer Faltentintling **36**
Graukappe 11, **72**
Grubenlorchel **138**
Grünblättriger Schwefelkopf **90**
Grüner Anistrichterling **74**
Grüner Birkentäubling **40**
Grüner Knollenblätterpilz 6, **20**, 136
Grünling 6, 7, 11, **50**
Grünspanträuschling **70**
Gürtelfuß, Geschmückter **88**
Gyromitra esculenta 10, 15, **136**
Gyroporus castaneus 102

Hallimasch 11, 90, **92**
Hasenbovist **132**
Hasenröhrling 102
Heideschleimfuß **88**
Helvella crispa **138**
Helvella esculenta **136**
Helvella lacunosa **138**
Herbstlorchel **138**
Heringstäubling **38**
Herrenpilz **100**
Hexenei **134**
Hexenpilz, Flockenstieliger **114**, **116**
Hexenpilz, Netzstieliger **114**, 116
Hygrophoropsis aurantiaca **82**
Hygrophorus hypothejus 11
Hypholoma capnoides **90**
Hypholoma fasciculare 11, **90**

Inocybe patouillardii 14, **46**
Ixocomus bovinus **106**
Ixocomus variegatus **106**

Kahler Krempling **84**
Kapuziner **104**
Kartoffelbovist **130**
Keulenfußtrichterling **74**
Kirschroter Speitäubling **42**
Kleiner Blutegerling **32**
Knoblauchpilz 17, 18, **86**
Knollenblätterpilz, Gelblicher 6, **22**
Knollenblätterpilz, Grüner 6, 7, 8,
    15, **20**
Knollenblätterpilz, Weiße Form des
    Grünen 20

Knollenblätterpilz, Weißer 20
Korallenpilze 126, **128**
Koralle, Blasse **128**
Koralle, Bauchweh- **128**
Koralle, Dreifarbige **128**
Koralle, Fichten- **128**
Koralle, Grünliche **128**
Koralle, Rötliche 126
Koralle, Schöne **128**
Koralle, Zitronengelbe **128**
Körnchenröhrling 110
Krause Glucke 126
Krause Lorchel 138
Krempling, Empfindlicher **84**
Krempling, Kahler 15, 66, **84**
Krempling, Samtfuß- **84**
Küchenschwindling **86**
Kuehneromyces mutabilis 11, **94**
Kuhpilz 106

Lactarius 13, **60–69**
Lactarius blennius 66
Lactarius deliciosus 62
Lactarius helvus 64
Lactarius necator 66
Lactarius piperatus 68
Lactarius rufus **60**
Lactarius sanguifluus 62
Lactarius torminosus 62
Lactarius turpis 66, 84
Lactarius vellereus 68
Lactarius volemus **60**
Laetiporus sulfureus **120**
Langermannia gigantea 132
Leberpilz **120**
Leccinum testaceoscabrum
    104
Leccinum scabrum **104**
Lepista bicolor **54**
Lepista nebularis 72
Lepista nuda 11, **52**
Lepista personata **54**
Lila Dickfuß 52
Lorchel, Frühjahrs- 15, **136**
Lorchel, Gruben- 138
Lorchel, Herbst- 138
Lorchel, Krause 138
Lorcheln 5
Lycoperdon maximum 132
Lycoperdon perlatum **132**
Lyophyllum aggregatum 58
Lyophyllum conglobatum 58

Lyophyllum decastes **58**
Lyophyllum fumosum 58

Macrolepiota procera **34**
Macrolepiota rhacodes **34**
Maggipilz **64**
Maipilz **46**
Mairißpilz **46**
Mairitterling **46**
Marasmius caryophylleus **86**
Marasmius oreades 14, **86**
Marasmius scorodonius **86**
Marone 8, 10, 11, **102**
Mäusegrauer Erdritterling 48
Milchlinge 13
Milchling, Birken- **62**
Milchling, Graugrüner 66, 74
Milchling, Pfeffer- **68**
Milchling, Rotbrauner **60**
Milchling, Wolliger **68**
Morchella esculenta 10, **136**
Morcheln 5, **134–137**
Morchel, Speise- 10, **136**
Morchel, Stink- **134**
Mousseron **86**
Mykorrhiza 10

Naematoloma sublateritium 90
Nebelgrauer Trichterling 72
Nelkenschwindling **86**
Netzstieliger Hexenpilz **114**

Ochsenzunge **120**
Oudemansiella radicata **80**

Pantherpilz 14, **28**
Parasolpilz **34**
Paxillus atrotomentosus **84**
Paxillus involutus 15, 66, **84**
Perlhuhnchampignon **32**
Perlpilz 14, **26**
Pfeffermilchling **68**
Pfifferling 8, 10, 11, **82**
Pfifferling, Falscher **82**
Phallus impudicus **134**
Phellinus igniarius **124**
Phellinus robustus 124
Pholiota caperata **98**
Pholiota mutabilis **94**
Pholiota squarrosa **92**
Pleurotus ostreatus 11, **96**
Polyporus fomentarius **124**

Polyporus igniarius **124**
Polyporus squamosus **122**
Polyporus sulphureus **120**
Porlinge **120–125**
Porling, Schwefel- **120**
Porling, Schuppiger Schwarzfuß- **122**
Psalliota arvensis **30**
Psalliota campestris **30**
Purpurfilziger Ritterling **56**
Purpurröhrling, Dunkler **116**

Ramaria botrytis **126**
Ramaria flava **128**
Ramaria formosa **128**
Ramaria mairii **128**
Ramaria ochraceo-virens **128**
Rauchblättriger Schwefelkopf **90**
Reifpilz **98**
Reizker, Blut- **62**
Reizker, Bruch- **64**
Reizker, Echter **62**
Reizker, Edel- **62**
Reizker, Tannen- **66**
Reizker, Zottiger **62**
Rhodopaxillus personatus **54**
Rhodophyllus sinuatus **70**, 72
Riesenbovist 132
Riesenrötling **70**
Riesenschirmpilz 34
Rißpilz, Mai- **46**
Rißpilz, Bräunlicher 86
Rißpilz, Ziegelroter 14, **46**
Ritterlinge **46–59**
Ritterling, Brauner Büschel- **58**
Ritterling, Echter **50**
Ritterling, Feinschuppiger **54**
Ritterling, Gelbbräunlicher 50
Ritterling, Grauer Knäuel- **58**
Ritterling, Knäuel- **58**
Ritterling, Lilastieliger **54**
Ritterling, Lilastieliger Rötel- **54**
Ritterling, Mai- 14, **46**
Ritterling, Mäusegrauer Erd- **48**
Ritterling, Purpurfilziger **56**
Ritterling, Rötlicher **56**
Ritterling, Rußiggestreifter **48**
Ritterling, Schwefel- **50**
Ritterling, Violetter Rötel- **52**
Ritterling, Zweifarbiger Rötel- **54**
Röhrling, Dickfuß- **118**
Röhrling, Gallen- **102**

Röhrling, Gold- **112**
Röhrling, Körnchen- **110**
Röhrling, Rotfuß- **108**
Röhrling, Sand- **106**
Röhrling, Schönfuß- **118**
Röhrling, Wolfs- 116
Röhrling, Zimt- 102
Rotbrauner Milchling **60**
Rötelritterling, Lilastieliger **54**
Rötelritterling, Violetter 11, **52**
Rötelritterling, Zweifarbiger **54**
Rotfußröhrling **108**
Rotkappe **104**
Rötliche Koralle **126**
Rötlicher Ritterling **56**
Rötling, Riesen- **70**
Rozites caperata **98**
Rübling, Butter- **78**
Rübling, Gefleckter **80**
Rübling, Horngrauer 74, **78**
Rübling, Samtfuß- **94**
Rübling, Waldfreund- **78**
Rübling, Winter- 11, **94**
Rübling, Wurzel- **80**
Runzelschüppling **98**
Rußiggestreifter Ritterling **48**
Russula 11, **38–45**
Russula aeruginea **40**
Russula cyanoxantha **40**
Russula decolorans **44**
Russula delica 68
Russula emetica **42**
Russula fragilis **38**
Russula paludosa **44**
Russula sardonia **42**
Russula vesca **42**
Russula virescens **40**
Russula xerampelina **38**

Sägeblättling 122
Safranschirmpilz **34**
Samtfußkrempling **84**
Samtfußrübling **94**
Sandröhrling **106**
Satanspilz 10, 13, **118**
Schafchampignon **30**
Schälpilz **110**
Schirmpilz, Riesen- **34**
Schirmpilz, Safran- **34**
Schmerling **110**
Schneepilz 11, **48**
Schönfußröhrling **118**

Schopftintling 36
Schüppling, Runzel- 98
Schüppling, Sparriger 92
Schwärzender Bovist 130
Schwarzfußporling, Schuppiger 122
Schwefelkopf, Grünblättriger 11, 90
Schwefelkopf, Rauchblättriger 90
Schwefelkopf, Ziegelroter 90
Schwefelporling 120
Schwefelritterling 50
Schwindling, Küchen- 86
Schwindling, Nelken- 14, 86
Scleroderma aurantium 130
Scleroderma vulgare 130
Sparassis crispa 126
Spargelpilz 36
Sparriger Schüppling 92
Speisemorchel 136
Speisetäubling 42
Speitäubling, Kirschroter 42
Steinpilz 8, 11, 12, **100**
Stinkmorchel 134
Stockschwämmchen 11, **94**
Stropharia aeruginosa 70
Suillus bovinus 106
Suillus granulatus 110
Suillus grevillei 10, **112**
Suillus luteus 110
Suillus variegatus 106

Tannenreizker 66
Täublinge 13, **38–45**
Täubling, Apfel- 44
Täubling, Erdschieber- 68
Täubling, Frauen- 40
Täubling, Grüner Birken- 40
Täubling, Grünfeldriger 40
Täubling, Herings- 38
Täubling, Kirschroter Spei- 42
Täubling, Orangeroter Graustiel- 44
Täubling, Speise- 42
Täubling, Tränen- 38, 42
Täubling, Violettgrüner 40
Täubling, Zerbrechlicher 38
Täubling, Zitronenblättriger Violett- 42
Telamonia armillata 88
Tintling, Grauer Falten- 36
Tintling, Schopf- 36
Tränentäubling 42
Träuschling, Grünspan- 70
Tricholoma albobrunneum 54

Tricholoma equestre 50
Tricholoma flavovirens 6, **50**
Tricholoma georgii 46
Tricholoma imbricatum 54
Tricholoma nudum 52
Tricholoma portentosum 11, **48**
Tricholoma rutilans 56
Tricholoma sulphureum 50
Tricholoma terreum 48
Tricholomopsis rutilans 56
Trichterling, Fuchsroter 76
Trichterling, Gelbbräunlicher 76
Trichterling, Giftiger Wiesen- 76
Trichterling, Grüner Anis- 66, 74
Trichterling, Keulenfuß- 74
Trichterling, Nebelgrauer 11, 70, **72**
Trichterling, Rinnigbereifter 76
Trichterling, Weißer 86
Tylopilus felleus 6, **102**

Violetter Rötelritterling 52
Violettgrüner Täubling 40
Violett-Täubling,Zitronenblättriger 42

Waldchampignon, Echter 32
Weißer Giftegerling 30
Weißer Knollenblätterpilz 20
Wiesenchampignon 30
Winterrübling 11, **94**
Wolfsröhrling 116
Wolliger Milchling 68
Wulstlinge 17, **18–29**
Wulstling, Gedrungener 14, **28**
Wurzelrübling **80**

Xerocomus badius 10, 11, **102**
Xerocomus chrysenteron 108
Xerocomus subtomentosus 108

Zerbrechlicher Täubling 38
Ziegelroter Faserkopf 46
Ziegelroter Rißpilz 46
Ziegelroter Schwefelkopf 90
Ziegenlippe 108
Zigeuner 98
Zimtröhrling 102
Zitronenblättriger Violett-Täubling 42
Zottiger Reizker 62
Zunderschwamm, Echter **124**
Zunderschwamm, Falscher **124**